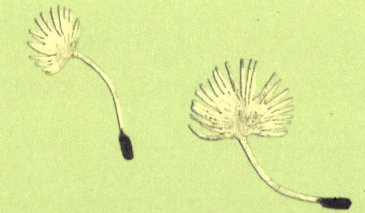

이렇게나 **똑똑한**
식물이라니!

이렇게나 똑똑한 식물이라니!

1판 1쇄 2008년 10월 20일

1판 11쇄 2025년 4월 21일

글 김순한 | 그림 이유리

펴낸이 이재일

편집 조연진

디자인 큐리어스 권석연

제작·마케팅 강백산, 강지연, 김주희

펴낸곳 토토북 04034 서울시 마포구 잔다리로7길 19, 명보빌딩 3층

전화 02-332-6255 | 팩스 02-6919-2854

홈페이지 www.totobook.com | 전자우편 totobooks@hanmail.net | 인스타그램 totobook_tam

출판등록 2002년 5월 30일 제2002-000172호

ISBN 978-89-9061-165-9 74400

　　　978-89-9061-154-3 74400(세트)

ⓒ 김순한, 이유리 2008

이 책은 저작권법에 의해 보호를 받는 저작물이므로 무단 전재 및 무단 복제를 금합니다.
잘못된 책은 구입하신 곳에서 바꾸어 드립니다.

《이렇게나 똑똑한 식물이라니!》를 읽고 난 후 궁금한 게 있는 친구들은
이 책을 쓴 선생님께 메일(magpie1129@hanmail.net)을 보내 주세요.

제품명: 이렇게나 똑똑한 식물이라니! | 제조자명: 토토북 | 제조국명: 대한민국 | 전화: 02-332-6255
주소: 서울시 마포구 잔다리로7길 19, 명보빌딩 3층 | 제조일: 2025년 4월 21일 | 사용연령: 8세 이상
* KC 인증 유형: 공급자 적합성 확인
* KC마크는 이 제품이 공통안전기준에 적합하였음을 의미합니다.
⚠ 주의 책의 모서리에 다치지 않게 주의하세요.

식물에게 배우는 생명의 지혜

이렇게나 똑똑한 식물이라니!

김순한 글 | 이유리 그림

신현철(순천향대 생명과학과 교수) 추천

www.totobook.com

추천의 글
식물도 잘 살기 위해 고민합니다

식물은 동물처럼 이리저리 왔다 갔다 하지 않고 마치 깊은 잠에 빠진 듯 조용히 자기 자리를 지키며 살아갑니다. 오늘 보아도 내일 보아도 움직이지 않고, 항상 사람들에게 가볍게 눈인사를 할 뿐입니다. 그래서일까요. 길가에 피어 있는 이름 모를 꽃들에게 사람들은 관심조차 보이지 않을 때가 많습니다. 심지어 "야! 예쁜 꽃이 피었네!"라는 말과 함께 꽃을 꺾어 버리기도 합니다.

사람은 자기 이름을 불러 주면 처음 본 사람이라 하여도 이름을 불러 준 이에게 정감을 느끼며 다시 한 번 바라보게 됩니다. 식물도 마찬가지입니다. 곳곳에서 피어나는 식물들의 이름을 민들레, 봉숭아, 냉이, 제비꽃, 꽃다지 등으로 다 불러 주고 이들이 어떻게 생겼으며 어디에서 어떻게 자라는지를 꼼꼼하게 살펴본다면 식물들은 이내 자신의 이름을 불러 준 사람에게 속내를 드러낼 것입니다.

물론 미모사처럼 자신을 만지는 것을 싫어하는 식물도 있고 쐐기풀처럼 아픔을 주는 식물도 있습니다. 그러나 끈끈이주걱이나 파리지옥처럼

곤충을 잡아먹는 무서운 식물조차도 그 미묘한 생태를 알게 되면 친근하고 재미있는 대상이 됩니다. 식물은 종종 우리의 놀이 상대가 되기도 하지요. 낙하산처럼 생긴 갓털이 달려 있는 민들레 열매나 건드리면 톡톡 터지는 봉숭아 열매는 우리에게 큰 즐거움을 선사합니다.

가을이 되면 식물은 산과 들을 온통 붉게 또는 노랗게 물들입니다. 사람들은 보기 좋다고만 하지, 이것이 힘든 겨울을 나기 위한 식물의 몸부림이라는 사실은 모르는 것 같습니다. 어떻게 식물을 이용할 것인가에 관심이 있는 사람들과 상관없이 식물은 자기 자리를 지키며 묵묵히, 열심히 살아갑니다. 이 시각에도 어떻게 하면 씨앗을 잘 틔울지, 어떻게 하면 땅속에서 더 많은 물과 무기물을 빨아들일지 고민하고 있어요. 알면 알수록 '놀랄 만큼 강인하고 똑똑한 식물의 세계'에 빠져들게 됩니다. 벌과 나비가 향기를 좇아 꽃으로 날아오듯, 우리도 식물의 아름다운 세계에 빠져들어 식물이 주는 달콤함에 젖었으면 합니다.

신현철 순천향대 생명과학과 교수

차례

놀랍도록 강인한 이것은 무엇일까요?

식물아, 넌 누구니?

식물은 햇빛을 먹고 살아요 • 12
잎은 세상에서 가장 큰 공장 • 15
식물도 숨을 쉰다! • 19
식물이 움직이지 않는다고? • 24
벌레를 사냥하는 식물 • 28
식물도 잠을 잘까요? • 31
꽃이 고를까요, 곤충이 고를까요? • 35
머나먼 곳으로 여행을 떠나요 • 44
버섯은 식물일까요? • 49
똑딱똑딱! 식물 시계 • 53

깜짝! 식물이 놀라워

가시와 털로 제 몸을 지켜요 • 60
단풍과 낙엽의 비밀 • 63
남의 양분을 빼앗아 살아요 • 66
함께 살면 더 좋아 • 69
얼음 꽁꽁 극지방에서 뜨거운 사막까지 • 73
높은 산, 바다 속에서도 살아요 • 78
내가 최고야! • 84

식물이 생겨난 이야기

식물의 고향은 바다 · 90
바다에서 땅으로 올라온 식물 · 94
씨앗의 발명으로 널리 퍼져요 · 98
화석이 남긴 식물의 발자취 · 101

식물 없이는 못 살아

우리에게 꼭 필요한 음식 · 108
군침이 꼴깍, 설탕과 초콜릿 · 111
약이 되고, 독이 되고 · 116
식물로 만든 옷 · 118
학교와 교실에서 깜짝 변신 · 120
자동차가 붕붕, 가스레인지 불꽃이 활활 · 123
식물을 본떠 만든 발명품 · 127

식물이 생명의 근원이에요!

놀랍도록 강인한 이것은 무엇일까요?

이건 지구 어디에나 있어요. 집 안이나 학교에도 있고, 바닷가나 높은 산에도 있습니다. 사람이나 동물은 잠시도 견딜 수 없는 곳에서도 끄떡없이 살고 있답니다. 무더운 밀림이나 메마른 사막, 물속에서도 살 수 있으니까요.

이게 없었다면 사람들은 지구에서 단 몇 분도 살지 못했을 거예요. 산소를 만들어 내 우리가 숨 쉬는 걸 가능하게 해 주니까요. 이것은 또한 우리에게 먹을 것과 입을 것, 집 짓는 재료까지 선물한답니다.

가장 큰 것은 키가 100m가 넘는가 하면, 작은 것은 지름이 0.3㎜밖에 되지 않기도 해요. 크기도 모양도 정말로 가지각색이지요.

이것은 무엇일까요? 정답은 바로 이 책의 주인공인 식물이랍니다.

'식물은 조용하고 움직이지도 못해. 소리를 치지도 못하고 도망갈 수도 없어. 식물은 수동적이라니까!'

식물에 대해 이런 편견을 가진 친구들이 있을지도 모르겠네요.

여러 해 전에 텔레비전에서 방영된 식물에 관한 다큐멘터리를 본 적이 있어요. 고속 촬영한 식물의 움직임을 보면서 살갗에 소름이 돋을 정도로 아주 강한 느낌을 받았습니다. 더 많은 햇빛을 받기 위해 다른 식물과

경쟁하면서 줄기가 뻗어 나가고, 땅속에서 물을 차지하기 위해 뿌리들이 안간힘을 쓰며, 덩굴손으로 빙글빙글 물체를 휘감아 올라가는 모습이 마치 소리 없는 식물들의 아우성처럼 느껴졌어요.
그뿐 아니었어요. 씨앗이나 열매가 바람 따라 혹은 물결 따라 이동하고, 스스로 씨앗을 멀리 튕겨 나가게 해서 자손을 퍼뜨리는 전략, 꽃가루받이를 위해 곤충이나 새를 유혹하려고 선택하는 놀라운 방법들에 혀를 내두를 수밖에 없었지요.
언젠가는 식물을 새로운 눈으로 바라보는 어린이 책을 쓰고 싶다는 생각이 든 것도 아마 그 다큐멘터리를 보고 나서였을 거예요.
식물이 조용하고 수동적이라고 생각하는 친구들이 있다면, 이 책을 읽으면서 정말 '대단한' 식물의 세계에 푹 빠져 보세요!
"식물은 밤낮으로 아주 바빠. 경쟁도 하고 서로 다투기도 하네. 식물도 움직여. 식물은 약해 보이지만 식물처럼 강한 게 없어!"
아마 이렇게 큰 소리로 말하게 될 거예요.
그러면 이제부터 식물의 세계로 여행을 떠날까요?

"식물이 뭐야?"라고 물으면 대답할 수 있나요? 동물과는 어떤 점이 다를까요? 식물은 동물처럼 걷거나 펄쩍펄쩍 뛰지 못해요. 날지도 못하고 마음껏 움직이지도 못하며 뿌리를 내린 곳에 가만히 있어요. 심지어 아무것도 하지 않는 것처럼 보이기까지 해요. 하지만 이것은 순전히 우리 입장에서 바라본 식물의 모습이에요.

식물아, 넌 누구니?

사실은 식물도 동물처럼 온종일 숨 쉬고 먹고 자손을 퍼뜨려요.
뿐만 아니라 느끼고 움직이며 때로는 경쟁하고 다투며 공격도 하지요.
절대로 가만히 있지 않아요! 밤낮으로 아주 바쁘답니다.
자, 이제부터 식물의 입장에서 식물의 세계를 들여다봐요. 겉으로는 조용해
보이지만 얼마나 부지런히 살아가고 있는지 알아볼까요?

식물은 햇빛을 먹고 살아요

만약 사람이 서서 햇빛을 쬐는 것만으로 먹을 것을 스스로 만들 수 있다면 어떤 일이 생길까요? 햇빛이 쨍쨍 내리쬐는 날에는 모두들 집 밖으로 우르르 몰려나와 해를 향해 고개를 쑥 빼고 있겠지요. 더 많은 빛을 쪼이려고 건물이나 아파트 옥상으로 달려 올라가는 진풍경이 벌어질지도 몰라요.

햇빛을 이용해서 스스로 양분을 만드는 주인공은 바로 식물이랍니다. 식물은 햇빛과 물, 이산화탄소만 있으면 맛있는 밥상을 차릴 수 있어요. 먼저, 뿌리가 땅속에 있는 물을 빨아들이면 줄기를 통해 물이 잎사귀까지 전달되어요. 잎은 공기 중에서 이산화탄소를 빨아들이고요. 태양은 스스로를 불태우며 에너지를 햇빛에 실어서 지구로 보내요. 자그마치 1억 5000만km나 되는 먼 거리를 날아와 지구에 도착한 햇빛은 식물에게 에너지를 줍니다. 만약 햇빛이 없다면 식물은 살 수가

없어요. 동물은 식물을 먹고 살기 때문에, 햇빛이 없다면 동물도 살 수가 없지요. 지구에서 살아 숨 쉬는 모든 동식물에게 햇빛은 고맙고도 소중한 에너지원이랍니다.

식물이 햇빛을 이용해 물과 이산화탄소로 살아가는 데 필요한 영양분을 만드는 것, 이 과정을 '광합성'이라고 해요. 광합성이 일어나는 동안 식물은 산소를 공기 중으로 내보내요. 산소는 사람이나 동물이 숨 쉴 때 꼭 필요한 것이지요. 우리가 살아가는 건 식물 덕분이라고 해도 틀린 말이 아니에요.

식물의 산소 만들기 실험

식물이 뿜어내는 산소를 눈으로 볼 수는 없어요. 하지만 물에 사는 물풀을 잘 관찰하면 가끔씩 잎 표면에 뽀글뽀글 작은 물방울이 맺히는 것을 볼 수 있는데 이것이 바로 산소예요. 물풀은 물속에 녹아 있는 이산화탄소를 이용해 광합성을 해요.

물풀에 유리 깔때기를 씌워 놓아요.
햇빛이 비치면 산소가 위로 방울방울 떠올라요.

잎은 세상에서 가장 큰 공장

식물의 잎은 광합성이 이루어지는 공장이에요. 식물의 잎을 이루고 있는 세포 안에는 엽록체가 들어 있어요. 엽록체 안에는 초록색 색소인 엽록소가 들어 있고요. 나뭇잎이나 풀잎이 초록색을 띠는 것도 엽록소 때문이랍니다.

안테나가 전파를 모으는 것처럼 엽록소는 햇빛 에너지를 모아요. 그리고 햇빛 에너지를 이용해서 양분을 만들어 잠시 잎에 모아 두었다가 뿌리나 열매 등 식물 곳곳으로 보내지요.

식물의 잎은 생김새가 아주 다양해요. 바늘 같은 소나무 잎, 아기 손을 닮은 단풍나무 잎, 부채 모양을 한 은행나무 잎 등 환경에 맞도록 저마다 다른 모양을 갖추고 살아요.

열대 우림의 어두운 숲 속에 사는 식물은 햇빛을 받기 위해 큰 잎이 필요하지요. 절벽에 사는 식물은 세찬 바람 때문에 작고 튼튼한 잎이 필요하고요. 물에 사는 물풀은 잎이 가늘게 갈라져 있어 흐르는 물살에도 잎을 다치지 않아요.

잎은 저마다 모양이 다르지만 모두 광합성을 하기 때문에, 햇빛을 많이 받도록 대부분 납작하며 서로 겹치지 않게 가지에 붙는 순서가 정해져

식물의 몸은 어떻게 이루어져 있을까?

식물의 몸은 크게 뿌리, 줄기, 잎으로 나뉘어요.
사람 몸과 비교한다면 줄기는 몸통에 해당되지요. 줄기는 잎과 꽃을 튼튼하게 받쳐 주고, 물과 양분이 지나다니는 통로 역할을 해요.
뿌리는 비바람에도 식물이 쓰러지지 않도록 땅에 단단히 박는 구실을 하며, 땅속 깊이 넓게 뻗어서 흙 속의 물과 무기물을 빨아들여요.

있어요. 예를 들면 줄기를 중심으로 양쪽으로 마주나는 마주나기,
엇갈려 나는 어긋나기, 여러 장의 잎이 마디에 무더기로 나는 뭉쳐나기
등이 있지요.

식물의 잎은 지구에서 제일 큰 공장인 셈이에요! 하지만 다른
공장들처럼 시끄러운 소음을 내지 않아요. 더러운 오염 물질을
내뿜지도 않고요. 광합성 공장의 굴뚝에서는 맑은 산소를
뿜어낸답니다.

식물도 숨을 쉰다!

식물도 살아 있는 생명체이므로 숨을 쉬어요. 식물은 어디로 숨을 쉴까요? 식물이 숨 쉬는 구멍은 대부분 잎 뒷면에 있어요. 이 구멍을 '기공'이라고 해요. 식물은 기공을 열었다 닫았다 하며 숨을 쉰답니다. 식물은 밤낮을 가리지 않고 온종일, 그리고 일생 동안 숨을 쉬어요. 산소를 마시고 이산화탄소를 만들어 내지요. 이산화탄소를 마시고 산소를 내뿜는 광합성 작용과 반대랍니다.

그런데 낮에는 광합성을 통해 나오는 산소의 양이, 숨쉬기로 흡수하는 산소의 양보다 10배 정도 많아서 마치 식물이 호흡을 하지 않는 것처럼 여겨지기도 해요. 햇빛이 비치지 않는 밤에는 광합성 작용을 거의 하지 않고 호흡만 한답니다.

기공은 공기가 드나드는 통로일 뿐만 아니라 물이 증발하는 통로이기도 합니다. 뿌리에서 빨아올린 물은 수증기로 바뀌어서 기공을 통해 공기 중으로 나가요. 이것을 '증산 작용'이라고 해요.

직접 관찰하고 싶으면 화분 위에 잠깐 비닐봉지를 씌워 보세요. 시간이 지나면 비닐봉지 안쪽에 물방울이 송골송골 맺힐 거예요.

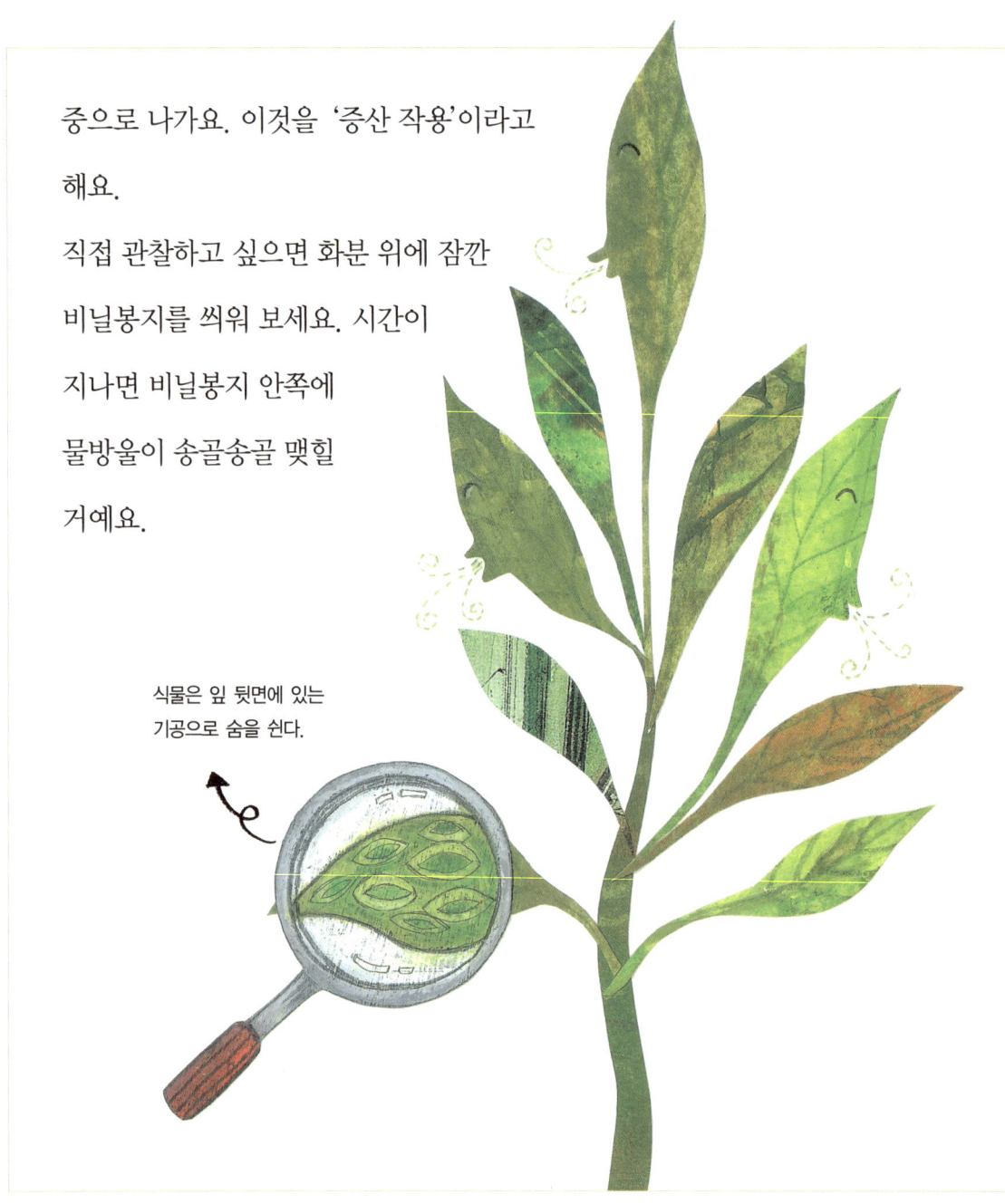

식물은 잎 뒷면에 있는 기공으로 숨을 쉰다.

증산 작용은 뿌리가 땅속에서 흡수한 무기물과 물을 잎까지 끌어올리는 일을 도와주기도 해요. 증산 작용으로 수분이 빠져나가면 잎은 물이 부족해질 거예요. 이때 잎에서 물을 끌어당기는 힘이 생겨나 식물의 뿌리는 땅속에 있는 물과 무기물을 끌어당긴답니다.

연근에 숭숭 뚫린 구멍

연꽃은 물에서 어떻게 숨을 쉴까요?
연꽃은 물 밑 진흙 속에 땅속줄기와 뿌리를 박고 있고, 땅속줄기 마디에서 나온 긴 잎자루가 물 위까지 솟아 나와 있어요. 연잎에서 빨아들인 공기가 잎자루 속의 구멍을 통해 진흙 속의 땅속줄기와 뿌리까지 전해져 숨을 쉬어요.
연근이라고 부르는 땅속줄기에도 여러 개의 구멍이 뚫려 있어서 공기가 잘 통한답니다. 우리가 먹는 맛있는 반찬, 연근의 구멍은 바로 연꽃의 숨구멍이에요.

광합성 발견의 실마리를 풀어낸
프리스틀리

1774년 어느 날, 영국의 아마추어 화학자이자 성직자인 조지프 프리스틀리는 실험실에 앉아 있었어요. 지금까지 밝혀지지 않은 기체에 대한 실험을 하는 중이었어요. 실험실 안에는 우연히 켜 놓은 촛불 한 자루가 있었지요. 그런데 그 기체가 촛불 쪽으로 날아가자 놀랍게도 불꽃이 더 환하고 밝게 타오르는 게 아니겠어요? 프리스틀리의 심장은 방망이질을 하듯 뛰었어요.

"촛불을 타오르게 한 이 기체를 '빛나고 뜨거운 공기'라고 불러야지!"

프리스틀리가 발견한 기체가 바로 산소였답니다!

신비스러운 기체에 대해 더 알고 싶던 프리스틀리는 또 실험을 했어요. '빛나고 뜨거운 공기'와 생물이 접했을 때 어떤 반응을 보이는지 알아보기로 했지요.

생쥐를 홀로 종 모양의 유리병 속에 가두었더니 얼마 지나지 않아 죽고 말았어요. 프리스틀리는 유리병 속에 생쥐와 식물을 함께 넣어 두었지요. 그러자 놀랍게도 생쥐가 죽지 않고 살아남았어요.

이것을 보고 프리스틀리는 이렇게 생각했어요.
'생쥐가 숨을 쉬면서 더럽힌 공기를 식물이 깨끗하게 만드는 게 아닐까?'
그의 생각은 정답에 가까웠지요. 생쥐가 숨을 쉬면서 내뿜은 이산화탄소를 흡수한 식물이 광합성 작용을 통해 산소를 만들어 냈으니까요.
유리병 안에 홀로 있던 생쥐는 산소가 모자라 죽고 말았지만, 식물과 함께 있던 생쥐에게는 산소가 계속 공급되어 죽지 않고 살 수 있던 거예요.
지금은 누구나 식물이 광합성을 한다는 사실을 알고 있지만, 불과 200여 년 전만 해도 광합성 발견의 열쇠를 쥐게 된 것이 아주 신기하고 놀라운 일이었어요.

식물이 움직이지 않는다고?

우리 생각과 달리 식물은 계속해서 움직이고 있어요. 스스로 양분을 만들기 위해 잎과 줄기는 햇빛 쪽으로 뻗거나 구부러지고, 뿌리는 흙 속으로 쭉쭉 뻗어 가는 운동을 하지요. 또한 자손을 많이 남기려고 꽃을 피우고 씨를 흩뜨리기도 합니다.

해바라기는 둥글고 노란 꽃이 해를 따라 돈다고 해서 붙은 이름이에요. 정말 그럴까요? 해바라기를 관찰한다면 금세 잘못된 생각이라는 걸 알 수 있어요. 해바라기 꽃은 저마다 다른 쪽을 바라보고 있으니까요.

그러나 꽃이 피기 전까지는 줄기와 잎이 해를 따라 돌고 있어요. 햇빛을 조금이라도 더 받을 수 있도록 줄기 끝이 햇빛 쪽으로 움직이기 때문이지요.

나팔꽃의 가늘고 긴 덩굴줄기는 다른 물체를 휘감는 성질이 있어요. 곁에 받침대가 서 있으면 왼쪽으로 빙빙 감아 올라가면서 자라납니다.

휘감을 물체가 없으면 덩굴끼리 엉키기도 해요.
이런 식물의 운동은 눈에 보이지 않을 만큼 천천히
움직이는 것이 특징이에요. 그런데 더러 눈에 보일 정도로
빠르게 움직이는 식물도 있어요.

미모사는 '움직이는 식물'로 널리 알려져 있어요. 잎을 손가락 끝으로 살짝 건드리면 순식간에 잔잎이 닫혀요. 조금 더 세게 두드리듯이 건드리면 잎이 모두 닫히고 잎자루와 줄기가 이어진 부분이 갑자기 아래로 늘어집니다. 이때 걸리는 시간은 0.5초밖에 안 돼요!

미모사 잎은 살짝만 건드려도 순식간에 닫힌다.

미모사는 왜 잎을 닫는 걸까요? 아마도 적으로부터 제 몸을 보호하기 위해서일 거예요. 동물이 미모사를 먹으려고 접근하면 미모사는 잎을 꼭 오므려서 마치 사라진 것처럼 보이게 해요.

봉숭아는 붉은 꽃이 지고 나면 꽃이 달렸던 자리에 열매가 생겨요. 열매 속의 씨앗이 다 여물면 갑자기 열매가 터지면서 작고 동그란 갈색 씨앗이 힘차게 튀어 나가요. 봉숭아 씨는 2m나 날아간답니다. 여문 열매를 손으로 만지면 툭 터져요. 이때 봉숭아의 씨 뿌리는 운동을 관찰할 수 있지요.

벌레를 사냥하는 식물

사람을 잡아먹는 식물은 동화책에서나 나올 법한 이야기지요. 그렇다면 벌레나 작은 동물을 잡아먹는 식물이 과연 실제로 있을까요?
있고말고요! 바로 벌레잡이 식물이에요. 끈끈이주걱, 파리지옥, 네펜테스, 통발을 비롯하여 전 세계에 약 700종류의 벌레잡이 식물이 살고 있어요.
벌레잡이 식물은 다양한 방법으로 먹이를 잡아요.
끈끈이주걱은 주걱 모양의 잎에 빨갛고 가는 털이 200개 정도 나 있는데, 털끝에서 끈끈한 액체가 나와요. 파리가 날아와 걸려들면 털과 잎을 움직여서 파리를 꼼짝달싹 못하게 감싸지요. 끈끈이 액에는 벌레를 녹이는 소화액이 들어 있어요. 파리가 소화액에 녹으면 끈끈이주걱은 파리에서 양분을 빨아들입니다.
파리지옥은 최고의 벌레잡이 식물이에요. 잎자루 끝에 잎이 서로 마주

보며 접혀 있어요. 잎 가장자리에 뾰족한 가시가 나 있어서 벌레를 잡았을 때 창살 달린 감옥 같은 덫을 만들어 내지요. 잎 사이로 벌레가

파리지옥은 마주 보고 있는 잎을 힘껏 조여 벌레를 잡는다.

잎에 달린 털끝에서 끈끈한 액체가 나오는 끈끈이주걱

들어가 감각털을 건드리면 순식간에 잎을 닫아요. 0.5초밖에 안 걸려요! 그런 다음 잎을 힘껏 조여 벌레를 납작하게 만들고 소화액으로 벌레를 녹여 맛있는 식사를 한답니다. 실잠자리 한 마리를 소화하는 데는 2주일이 걸린다고 해요.

벌레잡이 식물은 왜 벌레를 잡을까요?

벌레잡이 식물이 사는 곳은 대개 무기물이 적고 습기가 많아요. 이런 곳에 사는 식물은 질소와 인이 모자라기 쉬워요. 그래서 무기물을 보충하려고 벌레잡이 식물은 작은 동물이나 곤충을 잡아먹는답니다. 그럼 벌레잡이 식물은 벌레를 잡지 못하면 죽을까요? 아니에요! 벌레잡이 식물도 다른 식물들처럼 초록색 잎으로 햇빛의 도움을 받아 광합성 작용을 하여 양분을 만들어 냅니다. 하지만 한동안 벌레를 잡은 벌레잡이 식물과 벌레를 잡지 않은 벌레잡이 식물을 비교해 보면, 벌레를 많이 잡은 벌레잡이 식물이 훨씬 싱싱해 보이지요. 벌레잡이 식물에게 벌레는 비타민 같은 것이랍니다.

식물도 잠을 잘까요?

우리는 매일 밤 잠을 자요. 동물이 잠을 자는 것과는 다르지만 식물도 잠을 잔답니다. 씨앗이나 겨울눈이 싹을 틔우지 않고 있는 상태를 잠자는 것이라고 할 수 있어요. 다른 말로 '휴면'이라고도 해요. 알맞은 온도가 되고 수분이 주어지면 씨앗에서 싹이 트고, 겨울눈도 꽃이나 잎을 피우지요. 그러면 잠에서 깨었다고 할 수 있어요.

찬바람이 쌩쌩 부는 겨울날, 집 가까이에서 목련의 나뭇가지를 찬찬히 살펴보세요. 가지 끝에 붓끝처럼 길쭉하고 둥근 것이 달려 있어요. 이게 바로 목련의 겨울눈이에요.

겨울눈 속에는 이듬해 꽃과 잎이 될 눈이 들어 있지요. 목련의 겨울눈은 보송보송한 솜털과 두꺼운 껍질로 덮여 있어요. 눈보라가 몰아쳐도 끄떡없지요. 우리 친구들이 겨울에 바깥에 나갈 때 두툼한 털옷을 껴입은 모습과 비슷하답니다.

모든 식물이 겨울눈을 만드는 건 아니에요.

해바라기나 나팔꽃을 겨울에 본 적 있나요? 추운 겨울이 오면 해바라기나 나팔꽃 같은 한해살이풀은 시들어서 죽고 말아요. 그 대신 가을에 씨앗을 아주 많이 남겨 놓지요.

씨앗은 먹지도 않고 숨도 쉬지 않으면서 바싹 마른 상태로 '살아' 있어요. 죽은 게 아니고 단단한 껍질에 싸여 싹이 틀 때까지 잠을 자는 거랍니다.

씨앗에서 싹이 트는 환경과 조건은 식물마다 달라요. 싹이 트는 시기도 모두 다르고요. 잠자는 시간이 짧은 씨앗은 땅에 떨어지면 곧바로 싹이 나지만, 잠자는 시간이 길면 오랜 시간이 지나야 싹이 나지요.

잠자는 시간이 긴 씨앗 가운데에는 어마어마한 기록을 세운 것들도 있답니다. 지금까지 알려진 최고 기록으로 2000년 동안이나 잠을 잔 연꽃 씨앗이 있어요.

1951년에 일본의 도쿄 근처에서 있던 일입니다. 깊이가 5.4m나 되는 늪에서 연꽃 씨앗 3개가 발견되었어요. 씨앗이 들어 있던 통나무배는 무려 2000년 전에 만들어진 것으로 짐작된다고 해요.

씨앗 속이 궁금해

씨앗은 식물이 살아가기 위해 필요한 걸 가득 담고 있어요. 씨눈(배)과 씨젖(배젖), 씨껍질로 이루어져 있지요.

피마자의 씨앗을 보면 씨껍질이 감싸고 있는 안쪽 부분이 씨젖이고 그 안쪽에 있는 것이 떡잎입니다. 반면, 덩굴강낭콩의 씨앗은 씨젖 없이 씨껍질이 바로 떡잎을 감싸고 있지요.

떡잎은 처음 싹이 틀 때 나오는 잎으로, 본잎이 자랄 수 있도록 양분을 제공해 주고 점점 시들어 갑니다. 떡잎을 포함하여, 자라서 어린 식물이 될 부분을 씨눈이라고 해요. 피마자처럼 씨젖이 있는 경우에는 씨눈이 싹틀 때 필요한 영양분을 씨젖에 저장하지만, 씨젖이 없는 식물은 떡잎에 영양분을 저장합니다.

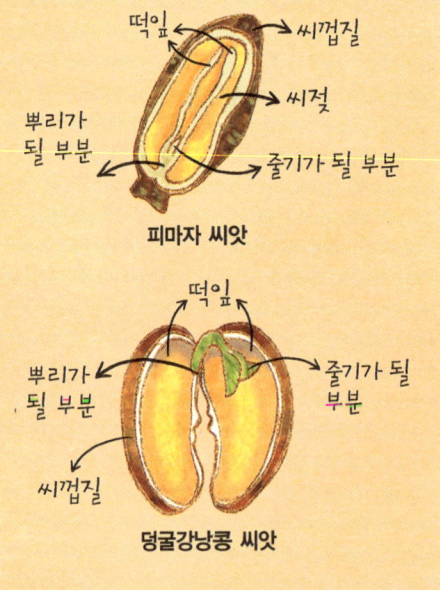

피마자 씨앗

덩굴강낭콩 씨앗

연꽃 전문가인 오오가 이치로 박사는 가위로 조심스럽게 딱딱한 연꽃 씨앗의 껍질을 벗겨 냈어요. 씨앗은 물속에서 4일이 지난 다음 싹을 틔웠답니다. 그러고는 오오가 이치로 박사의 예언대로 오늘날의 연꽃과 똑같은 탐스러운 붉은색 꽃을 피웠어요. 2000년 동안이나 죽지 않고 살아 있었던 거예요. 자그마치 2000년 동안 잠을 잔 이 연꽃 씨앗에게 '잠자는 씨앗 공주'라는 별명을 붙여 줘야겠네요.

꽃이 고를까요, 곤충이 고를까요?

꽃다발을 한 아름 선물받고 미소 짓지 않을 사람이 있을까요? 아름다운 꽃에는 사람을 기분 좋게 해 주는 무언가가 있지요. 그러나 식물이 사람들을 위해 어여쁜 꽃을 피우는 건 아니에요. 꽃의 구실은 씨앗을 만들어서 자손을 남기는 것이랍니다. 꽃이 피고 나면 열매가 맺히고 그 속에서 씨앗이 자라지요.

꽃은 꽃잎과 꽃받침, 암술과 수술로 이루어져 있어요. 꽃잎은 암술과 수술을 감싸고, 꽃받침은 꽃잎을 튼튼하게 받쳐 주지요. 꽃의 수술은 밀가루처럼 보드라운 꽃가루를 만들어 내요.

식물이 씨앗을 맺으려면 수술의 꽃가루가 암술머리에 묻어야 해요.

꽃의 구조

이것을 '가루받이'라고 하며, 가루받이가 되면 암술의 밑에 있는 씨방 속에서 씨앗이 생긴답니다.

가루받이에는 두 가지 방법이 있어요. 한 꽃에서 만들어진 꽃가루가 같은 꽃의 암술머리에 묻는 경우를 제꽃가루받이라 하고, 한 꽃에서 만들어진 꽃가루가 다른 꽃의 암술머리에 묻는 경우를 딴꽃가루받이라고 하지요. 식물은 대부분 딴꽃가루받이를 해요. 왜 그럴까요?

식물이 제 꽃가루를 자신의 꽃에 받아서 꽃가루받이를 하면, 그 자손들은 부모 식물과 똑같은 성질을 갖게 됩니다. 이와는 달리 다른 개체와 꽃가루받이를 하면, 자손들은 부모 식물의 좋은 성질을 골고루 이어받을 수 있어요. 유전적으로 다양한 씨앗이 생겨날 테니 환경 변화에도 더 잘 적응할 수

꽃가루받이를 해 주고 있는 나비와 벌

있겠지요. 사람들이 형제끼리 혹은 가까운 친척끼리 결혼을 하지 않는 것도 같은 이유에서랍니다.

그렇다면 딴꽃가루받이를 하는 꽃은 꽃가루를 이 꽃에서 저 꽃까지 어떻게 옮길까요? 꽃가루는 바람이나 물에 의해서도 옮겨지지만, 가장 중요한 운반자는 곤충이에요.

꽃들은 아주 오랜 세월 진화하면서 시각과 후각이 뛰어난 곤충을 불러들이기 위해 온갖 수단을 발달시켰어요. 화려한 생김새와 빛깔을 띠고, 달콤한 향기를 풍기며, 꿀도 만들어 냈지요.

찔레꽃은 하얀 색깔과 은은한 향기로 벌을 끌어들여요. 벌이 찔레꽃에 앉으면 꽃가루가 몸에 묻지요. 그 벌이 다른 꽃으로 옮겨 가면 몸에 묻은 꽃가루가 다른 찔레꽃의 암술에 닿게 된답니다.

꽃은 꽃가루를 곤충 몸에 묻히는 방법을 짜내기도 합니다. 어떤 곤충이 정해진 꽃을 자주 찾아오는 사이에 꽃가루를 옮기기 쉽도록 차츰차츰 그에 맞게 꽃의 생김새를 바꾸는 거예요. 꽃도 꽃가루받이를 도와주는 곤충을 고르는 셈이랍니다.

난초 가운데에는 꽃가루받이를 위해 속임수를 쓰는 것도 있어요.

거울난초 꽃은 모양이 암벌과 비슷해요. 게다가 꽃에서 암벌의 냄새까지 풍긴답니다! 수벌은 거울난초 꽃이 진짜 암벌인 줄 알고 짝짓기를 하려고 하지요. 물론 수벌은 여러 차례 짝을 지으려다 실패하지만, 이때 꽃가루가 벌의 몸에 잔뜩 묻게 돼요. 이렇게 해서 수벌이 다른 꽃으로 꽃가루를 옮겨다 주면 꽃가루받이가 이루어지는 거예요.

기가 막힌 방법으로 곤충을 끌어들이는 식물도 있어요. 바로 썩은 고기 냄새를 풍기는 라플레시아 꽃이지요. 라플레시아는 동남아시아의 밀림에 사는 기생 식물이에요. 덩굴 식물의 뿌리에 붙어사는데, 꽃의 지름이 1m, 무게가 7kg이나 되는 세상에서 가장 큰 꽃을 피워요. 라플레시아 꽃에서는 고약한 냄새가 나요. 썩은 고기 냄새를 풍겨서 파리를 불러들인다니까요. 파리의 도움을 받아 꽃가루받이를 하지요.

곤충이 아닌 다른 동물이 꽃가루를 옮겨

꽃을 피우지 않는 식물

꽃은 식물을 나누는 중요한 기준이 되기도 해요. 꽃을 피우지 않는 식물도 있거든요. 식물학자들은 식물을 꽃이 피는 꽃식물과 꽃이 피지 않는 민꽃식물로 분류한답니다. 이끼나 고사리, 미역 등이 대표적인 민꽃식물이에요.

썩은 고기 냄새를 풍겨서
파리를 불러들이는
라플레시아 꽃

주는 꽃도 있어요. 겨울에서 이른 봄에 걸쳐 붉은 꽃을 피우는 동백꽃은 동박새의 도움으로 꽃가루받이를 해요. 동백꽃은 너무 일찍 피기 때문에 벌이나 나비의 도움을 받을 수가 없어요. 봄이 되어야 나비나 벌이 활동하니까요.

주머니쥐도 꽃가루 옮기는 역할을 해요. 오스트레일리아에 사는 주머니쥐는 호주머니에 들어갈 만큼 작은 동물이에요. 주머니쥐는 솔처럼 생긴 기다란 혀로 뱅크셔 식물의 꿀을 먹는데, 그동안 주머니쥐의 털에 꽃가루가 묻어 다른 꽃으로 꽃가루를 옮기게 되지요. 이 밖에 박쥐나 쥐에 의해 꽃가루받이가 일어나는 꽃도 있답니다.

다양한 빛깔, 다양한 모양
화려한 꽃의 세계

계절에 따라 아름다운 빛깔의 꽃이 피고 집니다. 하얀색, 노란색, 분홍색, 빨간색, 초록색, 파란색에 이르기까지 꽃의 빛깔은 셀 수 없을 만큼 여러 가지예요.

들에 핀 꽃은 가장 흔한 하얀색과 노란색이 약 60%쯤 되고, 빨간색과 분홍색이 20%쯤 된다고 해요. 그 다음에는 보라색과 파란색이 많답니다. 꽃은 다양한 빛깔만큼이나 모양도 가지가지입니다.

꽃잎, 꽃받침, 암술, 수술이 모두 있는 꽃을 갖춘꽃이라 하고, 어느 하나라도 부족하면 안갖춘꽃이라고 해요. 갖춘꽃에는 백일홍, 채송화, 민들레, 감, 사과 등이 있으며,

꽃잎이 따로따로
떨어져 있는 갈래꽃

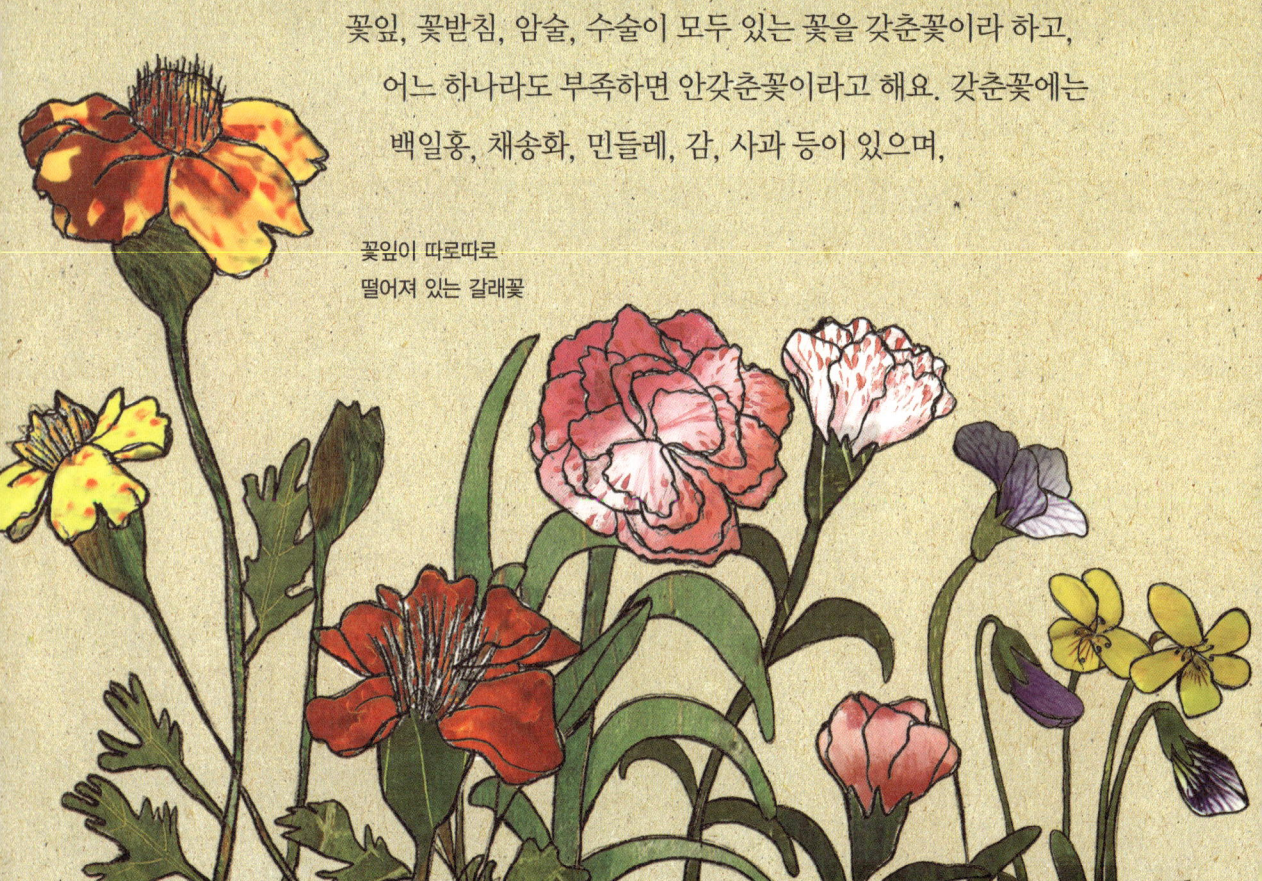

안갖춘꽃에는 오이나 호박 등이 있습니다. 오이나 호박의 꽃은 꽃잎과 꽃받침이 있지만 암술이 있는 암꽃과 수술이 있는 수꽃이 나뉘어 있어서 안갖춘꽃이 되지요.
그런가 하면 꽃잎의 모양에 따라 꽃을 나눌 수도 있어요. 꽃잎이 하나로 이어져서 통처럼 되어 있으면 통꽃, 꽃잎이 한 장씩 따로따로 떨어져 있으면 갈래꽃이라고 해요. 나팔꽃, 도라지 꽃, 호박꽃 등은 통꽃에 속하고, 벚꽃, 제비꽃, 장미 등은 갈래꽃에 속해요.
퀴즈 하나 낼게요! 국화는 통꽃일까요, 갈래꽃일까요?
얼핏 갈래꽃처럼 보이지만, 국화는 통꽃이에요. 꽃잎처럼 보이는 것들 하나하나가 암술, 수술이 있는 하나의 꽃이거든요.

국화는 통꽃일까, 갈래꽃일까?

꽃잎이 하나로 이어져 있는 통꽃

머나먼 곳으로 여행을 떠나요

아파트 근처 보도블록 틈바구니에서 민들레나 제비꽃이 얼굴을 내밀고 있는 모습을 본 적이 있을 거예요. 아직 건물이 들어서지 않은 빈 터에서도 쑥쑥 자라는 냉이와 꽃다지를 만난 적도 있을 거고요.

발도 없고 날개도 없는 식물이 여행을 한다는군요. 도대체 어떻게 여행을 하는 걸까요?

씨앗이나 열매는 여행 선수예요. 펄쩍 뛰고, 날아다니고, 헤엄치고, 달라붙고, 동물들에게 먹히기까지 하면서 멀리멀리 여행을 간답니다.

이들은 부모 곁을 떠나는 걸 두려워하지 않아요. 부모 식물의 그늘 밑에서 자라다 보면 햇빛과 물을 놓고 부모랑 싸우는 불행한 일이 생기기도 하니까요.

식물은 될 수 있는 대로 씨앗이나 열매를 멀리 퍼뜨려야 경쟁을 줄이고 넓은 땅을 차지하여 살 수가 있어요. 그래서 자신의 씨앗이나 열매를 퍼뜨리기 위한 여러 가지 효과적인 방법을 발달시켜 왔답니다.

먼저 바람을 타고 씨앗이나 열매를 퍼뜨리는 식물이 있어요. 이들의 씨앗이나 열매에는 날개나 갓털이 달려 있어서 바람결에 실려 날아갈

바람을 타고 하늘로
날아오르는 민들레 열매

수 있지요. 노란 민들레 꽃이 지고 나면 하얀 갓털을 지닌 열매가 생겨납니다. 마치 열매에 낙하산이 달려 있는 것 같아요. 다 여문 민들레 열매는 바람을 타고 하늘로 날아오릅니다. 바람이 세게 불면 아주 멀리까지도 날아가지요. 열매가 땅에 떨어지면 더 이상 필요가 없어진 갓털을 떨어뜨려요.
단풍나무 열매에는 날개가 붙어 있어요. 가을에 열매가 여물면 바람을 타고 뱅글뱅글 돌면서 날아가기 시작해요. 바람이 세게 부는 날에는 수십km까지 날아가기도 하지요.

바람을 타고 날아가는 씨앗이나 열매가 물 위에 떨어진다면 싹이 트지 않겠지요. 땅에 떨어졌지만 개미나 새에게 먹히는 것도 있을 거예요. 그러나 수많은 씨앗이나 열매 가운데 몇몇은 알맞은 곳에 떨어져 싹을 틔울 겁니다.

바다 여행을 하는 씨앗이나 열매도 있어요. 야자나무 열매는 바닷물에 실려 여행을 해요. 수천km 이상의 장거리 여행도 너끈히 해내지요. 물이 스며들지 않는 단단한 껍질 속에 씨를 넣고 바다에 띄운답니다. 껍질 속에는 과육과 코코넛 밀크 액체가 약간 들어 있어요. 야자열매가 열대 지방의 해안가에 다다르면, 척박한 모래땅에 싹을 틔웁니다. 이때 열매 속에 들어 있는 코코넛 밀크를 양분으로 사용해요. 무인도에서도 야자나무가 자라는 까닭을 짐작할 수 있겠지요?

씨앗이 여물면 열매가 터지면서 그 힘으로 씨앗을 퍼뜨리는 식물도 있어요. 봉숭아나 괭이밥이 그렇지요.

맛있는 열매 안에 씨앗을 만드는 식물도 있어요. 동물이나 새가 열매를 먹으면 껍질이 단단한 씨앗은 소화가 되지 않고 있다가 똥에 섞여 나와 싹이 틉니다. 씨앗은 새가 날아간 거리만큼, 동물이 움직인 거리만큼

바다 여행을 하는 야자나무 열매

멀리 여행을 한 셈이지요. 찔레나 청미래덩굴 열매는 맛이 있어서 새나 동물이 좋아하는 열매 가운데 하나랍니다.

그런가 하면 사람이나 동물의 몸에 붙어서 씨앗이나 열매를 퍼뜨리는 식물도 있답니다. 가을에 산에 다녀오면 옷에 식물의 열매가 붙어 있을 때가 있어요. 이런 열매들은 달라붙기 좋게 갈고리나 잔털이 있는 것도 있고, 끈적끈적한 액체를 내는 것도 있지요.

이름도 재미있는 도둑놈의갈고리는 열매 끝에 갈고리가 나 있고, 열매 겉에는 잔털이 나 있어서 사람이나 동물 몸에 달라붙기 안성맞춤이에요. 누군가 산길을 걷다가 제 몸에 붙은 도둑놈의갈고리 열매를 떼어 내면 그 자리에 떨어져 싹을 틔우지요.

이렇게 식물의 씨앗과 열매는 여행하는 방법이 저마다 달라도, 멀리 퍼뜨려 종족을 보존하려는 성질은 모두 똑같이 강하답니다.

열매와 씨앗

열매는 씨앗이 자라는 동안 씨앗을 감싸고 보호해 줘요. 열매 가운데에는 복숭아처럼 단단한 씨앗 하나만 가진 것도 있고, 사과나 키위처럼 즙이 많고 부드러운 껍질에 둘러싸인 여러 개의 씨앗을 가진 것도 있어요. 도토리와 밤은 단단한 껍데기에 둘러싸인 열매가 바로 씨앗이에요.

버섯은 식물일까요?

여름 장마가 끝난 다음에 산길을 걷다 보면 나무 그루터기나 축축한 낙엽 더미 위로 불쑥 얼굴을 내민 버섯을 만날 수 있어요. 집 근처 공원의 풀밭이나 죽은 나무에서도 버섯을 관찰할 수 있지요.

버섯은 움직이지 못하고 한곳에 살기 때문에 식물처럼 보여요. 꽃처럼 아름다운 모양을 하고 색색의 빛깔을 띤 것도 많아요. 그렇지만 버섯은 식물이 아니랍니다. 그렇다고 동물에 가까운 생물도 아니지요.

과학자들은 식물도 동물도 아닌 버섯을 균류라고 불러요.

무엇보다도 식물은 광합성을 하여 스스로 양분을 만들 수 있지만, 버섯은 스스로 양분을 만들지 못해요. 대신 나무줄기나 낙엽, 동물의 시체 등에 달라붙어 양분을 얻으며 살아가지요.

또 버섯은 식물처럼 뿌리나 줄기, 잎이 없어요. 꽃을 피워서 씨앗을 만들지도 못해요.

그러면 어떻게 자손을 퍼뜨릴까요? 버섯은 씨앗 대신 홀씨로 번식을 해요. 버섯의 몸 가운데 우산처럼 생긴 부분을 자실체라고 하는데, 자실체 밑 주름진 곳에 홀씨가 들어 있어요. 먼지처럼 작고 가벼운 홀씨가 떨어져 나와 자손을 퍼뜨리는 거예요.

숲 속 바닥에 쌓인 낙엽을 뒤적거려 본 적이 있나요? 낙엽 더미 속에 하얀 실 뭉치 같은 것들이 뒤엉켜 있을 거예요. 이게 바로 버섯의 홀씨가 싹을 틔우고 양분을 빨아들이며 뻗어 나가는 모양이에요. 수없이 많은 가느다란 실을 균사라고 해요. 신비스럽게도 땅속이나 낙엽 더미 속에서 균사들이 자라나 실 뭉치 같은 균사체가 된답니다. 균사체는 주위에서 양분을 빨아들이고 계속 자라다 버섯 모양을 한 자실체가 되어 땅 위로 올라와요.

버섯의 별명은 '숲 속의 청소부'예요. 숲에는 날마다 동식물 찌꺼기가 쌓이지요. 버섯은 썩은 나뭇가지나 동물의 시체에서 양분을 얻으며 찌꺼기를 분해하여 흙으로 돌려보내요. 덕분에 땅이 기름지게 되지요. 만약 버섯과 같은 균류가 없다면 산과 들은 동식물 쓰레기로 넘쳐 날지도 몰라요.

실 뭉치 같은 균사체는 우산처럼 생긴 자실체가 되어 땅 위로 올라온다.

식빵이나 떡, 치즈를 오래 놔두면 피어나는 곰팡이도 버섯과 같은 균류에 속한답니다.

버섯과 곰팡이는 생긴 것부터가 딴판인데 어떻게 같은 무리일까요? 곰팡이의 전체 모습은 버섯과 다르지만 하얀 실 뭉치가 뒤엉킨 것은 버섯의 균사체와 똑같아요. 곰팡이 또한 버섯처럼 홀씨로 번식하지요.

똑딱똑딱! 식물 시계

스웨덴의 식물학자 린네는 1751년에 꽃시계를 발견했어요. 꽃시계가 뭐냐고요? 꽃이 피고 지는 시간이 다른 것을 이용해 만든 시계랍니다. 부지런히 식물을 관찰하다 보니 많은 식물이 마치 자명종이 울리듯 정해진 시간에 꽃을 피우고 진다는 사실을 깨닫게 된 거예요. 나팔꽃은 새벽 4시, 민들레는 오전 7시, 아네모네는 오전 10~11시에 꽃을 피워요. 분꽃은 오후 4시, 달맞이꽃은 오후 7시가 되어야 피어나지요. 린네는 스웨덴의 수도 스톡홀름에서 약간 북쪽에 자리한 웁살라에 초대형 꽃시계를 만들었어요. 꽃이 피는 시기가 서로 다른 식물들을 시계처럼 오른쪽 방향으로 순서대로 심은 거지요.
지금도 린네의 초대형 꽃시계는 웁살라에서 작동하고 있답니다. 똑딱똑딱 시계추 소리를 내는 대신 시간에 맞추어 아름다운 꽃의 향연이 펼쳐지고 있다는군요.

그렇다면 식물은 언제 꽃을 피워야 하는지 스스로 알고 있는 걸까요? 맞아요! 식물의 몸속에는 생물 시계가 있거든요. 이 생물 시계 덕분에 식물은 스스로 꽃이 필 때와 질 때를 알 수 있어요.

"잠깐만요! 그런데 식물의 생물 시계는 무엇으로 이뤄진 거예요?"

이런 질문을 하는 친구들도 있나요?

식물의 몸속에는 빛을 느끼는 색소인 피토크롬이 들어 있어요. 피토크롬은 빛의 양을 정확하게 재서 낮과 밤의 길이를 구분할 수 있다고 해요. 피토크롬 덕분에 식물은 빛의 변화를 알아챌 수 있어요. 그래서 시간에 따른 생활 리듬을 가질 수 있지요.

식물이 꽃을 피우는 시기는 빛의 밝기뿐 아니라 온도 변화와도 관계가 있어요. 빛의 밝기와 온도는 하루의 시간, 계절의 시간, 한 해의 시간에 따라 일정하게 변해요. 그 변화에 맞춰 식물은 규칙적인 생활을 합니다. 결국 시간에 따른 빛과 온도의 변화가, 씨앗에서 싹이 트고 자라 꽃을 피우고 열매를 맺는 잣대가 된답니다.

꽃마다 피고 지고 시간이 다르다.

생물 이름표를 만든
린네

린네는 1707년 스웨덴의 작은 시골 마을에서 태어났어요. 어려서부터 '꼬마 식물학자'로 불릴 만큼 온종일 들판을 돌아다니며 식물을 관찰했어요.

어른이 되어 교수가 된 린네는 다른 나라로 식물 채집 여행을 다니며 식물을 산더미처럼 수집했어요. 하지만 그 식물들을 어떻게 분류할지 걱정이 태산이었지요. 다른 과학자들의 책을 뒤져 보아도 학자마다 분류 방법이 다르고 애매한 점도 많았어요. 고민 끝에 린네는 새로운 분류 방법을 만들어 냈어요.

"맞아! 바로 이거야. 꽃이 식물 분류의 기준이 될 수 있어!"

린네는 꽃의 암술과 수술의 개수와 모양을 살펴본 다음 그걸 기준으로 8000종 가까이 되는 식물을 분류했답니다.

1735년 《자연의 체계》라는 책에서 린네는 식물에게 전 세계 사람들이 함께 쓸 수 있는 이름을 붙여 주고 이를 '학명'이라고 했어요.

학명은 라틴어로 지었는데 사람의 성과 이름처럼 식물의 특징에 따라 2개의 이름을 붙였어요. 분류 단위인 속명과 종소명을 나란히 붙여 썼지요.

예를 들어 은행나무의 라틴어 성은 '징코'(속명)이고, 이름은 '빌로바'(종소명)입니다. 은행나무를 학명으로 바꾸면 '징코 빌로바(Ginkgo biloba)'가 됩니다. 이렇게 이름 붙이는 방법을 '이명법'이라고 해요.
린네의 이명법에 따르면 종의 이름은 그 생물이 어떤 종인지, 또 그 종이 생물의 세계에서 어느 부분에 속하는지를 알려 준답니다.
린네는 이명법을 이용해서 동물까지 아우르는 체계적인 분류의 기틀을 세웠어요. '종-속-과-목-강-문-계'라는 생물 분류의 단계를 만들어 낸 사람도 린네랍니다. 생물을 분류하는 가장 큰 단위는 계이고 가장 작은 단위는 종이지요. 따라서 생물은 크게 동물계와 식물계로 나뉩니다.

'장미속-장미과-장미목-쌍떡잎식물강-종자식물문-식물계'에 속하는 찔레꽃은 식물 중에서도 종자식물이고 쌍떡잎식물이면서, 장미나무 중에서도 찔레꽃이라는 종에 속한다는 말씀이지.

만약 여러분이 하루 동안 식물이 된다면 어떨까요?
아무 걱정 없이 편안하게 땅속에 뿌리를 내리고, 비가 오거나 햇빛이
비치기를 조용히 기다리기만 하면 될까요? 식물의 삶도 만만치 않아요.
우리 눈에는 그저 가만히 있는 것처럼 보이지만
식물도 살아남기 위해 많은 일을 하고 있답니다.

깜짝!
식물이 놀라워

식물은 오랜 세월 기상천외한 장치를 만들어 험난하고도 혹독한 환경에
적응해 왔어요. 숨이 막힐 것처럼 뜨거운 사막에서 얼어붙은 극지방까지,
높은 고산 지대에서 저 깊은 바다 속까지…. 민물이든 바닷물이든
진흙탕이든 모래밭이든 아랑곳하지 않고 꿋꿋하게 살아가는
식물들의 이야기에 귀 기울여 보세요!

가시와 털로 제 몸을 지켜요

식물은 온갖 적으로부터 살아남기 위해 싸움도 벌여요. 즙을 빨아 먹거나 잎을 갉아 먹는 작은 벌레들부터 식물을 통째로 먹어 치우는 동물에 이르기까지 식물의 적도 다양하지요.

동물처럼 날카로운 이빨이나 발톱은 없지만 식물도 스스로를 지키는 정교한 무기를 만들어 냈어요. 장미의 가시, 쐐기풀의 털 등을 예로 들 수 있지요. 식물은 이런 무기로 적을 찌르고 쏜답니다.

이름만 들어도 따끔따끔 아플 것 같은 쐐기풀! 쐐기풀에는 털이 많이 나 있어요. 이 털은 주사기처럼 생겼답니다. 동물이 쐐기풀을 살짝 스치기만 해도 털이 피부에 박히며 독을 주사해요. 이 독은 사람뿐만 아니라 토끼에게도 참기 힘들 만큼 큰 고통을 줘요. 쐐기풀에 찔려 본 동물이라면 다시는 가까이 가지 않겠지요.

여름철 들판에서 만나는 엉겅퀴 꽃은 참 예쁘지요. 엉겅퀴도 자기 방어를 잘하는 식물 가운데 하나예요. 아름답고 눈에 띄기 쉬운 식물일수록 스스로를 보호하기 위한 장치도 발달해 있답니다. 엉겅퀴의 잎과 줄기에는 날카로운 가시가 돋아 있어서 동물이 가까이 가지 못해요. 엉겅퀴는 가시가 많아 '가시나물'이라고도 불려요.

크리스마스 때 장식용으로 쓰는 빨간 열매가 달린 가지의 주인공은 누구일까요? 네, 호랑가시나무랍니다. 호랑가시나무의 잎은 가죽처럼 두꺼울 뿐만 아니라 잎 가장자리에 단단한 가시가 돋아 있어요. 동물도 여간해서는 먹고 싶지 않을 거예요.

이번에는 기가 막힌 술수를 써서 민달팽이나 작은 곤충을 물에 빠져 죽게 하는 식물을 소개할게요. 산토끼꽃은 줄기에 달린 한 쌍의 잎이 서로 만나 빗물이 고일 수 있도록 오목하게 만들어요.

엉겅퀴의 잎과 줄기에는 가시가 돋아 있어 자신을 보호한다.

달팽이나 벌레들이 꼭대기에 있는 부드러운 어린잎을 먹기 위해 줄기를 타고 오르다가 그만 고인 물에 빠져 죽고 만답니다.

가장 강력한 식물의 무기는 독이에요. 가을이면 까맣게 익는 까마중 열매는 단맛이 나지만 독이 들어 있어요. 주목의 씨앗에도 독이 있지요. 입 안이 상쾌해지는 박하사탕 좋아하나요? 박하의 싸한 향기는 박하 잎에 있는 성분에서 나오는 거예요. 사람에게는 아무런 해를 미치지 않고 입 안을 즐겁게 해 주지만, 벌레들에게 박하 향은 아주 끔찍한 것이랍니다. 먹는 즉시 죽게 되거든요!

조약돌일까, 식물일까?

제 몸을 주변 환경과 비슷하게 위장해서 동물에게 먹히지 않는 식물도 있어요. 아프리카 남서부 나미브 사막에 사는 페블플랜트라는 식물은 주변의 돌멩이와 비슷해요. 얼핏 보아서는 돌과 구별하기 힘들지요. 영어로 페블(pebble)은 조약돌이라는 뜻이에요.

이곳에 사는 목마르고 배고픈 거북은 물기가 있는 먹이인 줄도 모르고 페블플랜트 곁을 그냥 지나친답니다.

단풍과 낙엽의 비밀

추운 겨울은 동물뿐만 아니라 식물에게도 힘든 계절이지요. 겨울 동안에 식물은 활동을 멈추거나 죽은 것처럼 보여요. 하지만 식물은 가을부터 준비한 방법으로 한겨울에도 씩씩하게 지내요. 다람쥐처럼 겨울잠을 자거나 제비처럼 따뜻한 남쪽 나라로 날아가는 것도 아닌데, 식물은 겨울을 위해 어떤 준비를 할까요?

숲 속에 가을이 찾아오면, 낮의 길이가 점점 짧아지면서 해가 지는 시간이 빨라져요. 아침저녁으로 공기가 제법 차갑게 느껴지고요. 이때쯤 되면 울긋불긋한 단풍이 산꼭대기에서부터 들기 시작하여 산기슭 쪽으로 어여쁘게 퍼져 나갑니다. 나무마다 아름다운 빛깔을 뽐내듯이 붉나무와 단풍나무는 붉은색으로, 참나무는 황갈색으로 물들어요.

식물의 잎에는 녹색을 띠는 엽록소, 붉은색을 띠는 안토시안, 노란색을 띠는 카로티노이드 색소가 모두 들어 있어요. 봄과 여름에는 엽록소가 가장 많이 들어 있기 때문에 잎이 녹색을 띠지요. 그러나 기온이 떨어지고 날씨가 추워지면 잎 속의 엽록소가 분해되어 녹색이 사라져요. 그러고는 이제껏 눈에 띄지 않던 카로티노이드나 안토시안이 빛깔을 드러내 빨강, 노랑 등 여러 가지 색으로 단풍이 드는 거랍니다. 나뭇잎이 물든다는 건 얼마 안 있어 잎이 떨어진다는 신호예요. 스산한 가을바람이 불면 낙엽이 우수수 떨어지지요. 왜 그럴까요?

이제 나무는 잎이 필요하지 않아요! 겨울을 나기 위해 나무 스스로 잎을 떨구는 거랍니다.

한겨울에는 땅속의 흙까지 꽁꽁 얼어서 뿌리가 물을 제대로 빨아올릴 수가 없어요. 잎은 물을 많이 쓰기 때문에 겨울

동안 잎을 계속 매달고 있으면 나무는 물이 모자라 견디기 힘들어져요. 그래서 갈잎나무(낙엽수)들은 겨울이 오기 전에 잎을 모두 떨어뜨린답니다.

이번에는 나뭇잎이 어떻게 떨어지는지 살펴볼까요? 가을이 되어 기온이 내려가면 식물의 잎자루와 가지 사이에 '떨켜'라는 층이 생겨요. 바로 이 떨켜가 물과 양분을 나르는 관을 막아 버리지요. 떨켜가 다 만들어지면 잎과 가지가 따로 나뉘기 때문에 바람이 조금만 불어도 잎이 떨어져요.

잎이 떨어질 무렵 잎자루와 가지 사이에 이미 겨울눈이 나 있어요. 겨울눈은 보통 비늘잎으로 여러 겹 싸여 있어서 찬바람이나 눈 속에서도 얼지 않아요. 잎을 모두 떨구고 나면 나무는 이제 양분을 만들 수 없어요. 겨울 동안 나무는 성장을 멈추고 겨울눈을 보호하면서 쉰답니다.

소나무는 낙엽이 질까?

'소나무처럼 1년 내내 푸른 잎을 달고 사는 늘푸른나무도 낙엽이 질까?' 이런 궁금증이 생길 법하지요. 소나무도 단풍이 들고 낙엽이 져요.

소나무는 새잎이 돋아날 무렵 지난해에 난 잎들이 천천히 갈색으로 변하기 시작해요. 가을이 되면 갈색으로 물든 묵은 잎은 모두 떨어지고 새로 난 푸른 잎만 달려서 겨울을 나기 때문에 항상 푸른 잎을 매달고 있는 것처럼 보이지요.

갈잎나무처럼 잎이 한꺼번에 떨어지지 않고 해마다 조금씩 떨어지기 때문에 우리가 잘 느낄 수 없답니다.

남의 양분을 빼앗아 살아요

겨울날 산을 오르내리다가 앙상한 참나무 가지에 새 둥지처럼 둥글게 붙어 자란 식물을 본 적이 있을 거예요.

"까치집일까? 아닌 것 같은데…."

호기심이 발동하여 쌍안경을 들이대고 자세히 관찰하면, 작고 푸른 잎에 노란 열매까지 잔뜩 달려 있는 게 눈에 들어오지요. 바로 겨우살이라고 하는 식물입니다.

겨우살이는 다른 나무의 가지에 뿌리를 박고 물과 양분을 빼앗아 먹으며 사는 기생 식물이에요. 참나무에 주로 붙어사는데, 벚나무나 팽나무에도 붙어살아요. 주인 나무에게 큰 피해를 주지는 않지만, 한 나무에 겨우살이가 너무 많이 붙어살면 말라 죽는 일이 생긴다는군요.

겨우살이는 늘푸른나무라서 겨울에도 푸른 잎을 달고 있어요. 스스로 광합성을 하여 양분을 조금씩 만들어 내지만, 그것만으로는 살 수가 없어 다른 나무에 뿌리를 내리고 산답니다.
겨우살이보다 한술 더 뜨는 기생 식물을 알려 줄게요.
새삼이라는 덩굴 식물인데, 산과 들의 풀밭에서
쉽게 볼 수 있어요.
새삼은 보통 때에는 자라지 않다가
주인이 될 만한
식물을 만나면, 길게
엉킨 끈처럼 생긴
줄기로 친친 감아
올라가요.
감는 줄기 사이사이에서
돋아난 덩굴손 같은 것으로
주인 식물의 몸속을 뚫고 들어가
물과 양분을 빼앗지요. 붉은빛이
도는 새삼의 줄기는 아주 질기고
강하답니다.

다른 식물을 친친 감아
올라가는 새삼의 줄기

새삼은 스스로 양분을 만들 필요가 없기 때문에 광합성도 하지 않아요.
잎이 없다니까요! 더 놀라운 사실 한 가지! 어린 새삼은 뿌리가 있지만,
주인 식물을 만나 감아 올라가기 시작하면 땅속의 뿌리까지 없애
버린답니다. 철저하게 빌어먹으며 살겠다는 거지요.

기생 식물 가운데에는 겨우살이나 새삼, 실새삼처럼 다른 식물의
줄기에 기생하는 것도 있고, 야고나 수정초처럼 뿌리에 기생하는 것도
있어요. 이들은 대부분 햇빛이 필요 없기 때문에 그늘에서 산답니다.

겨우살이가 나뭇가지에서 싹트는 까닭

잘 익은 겨우살이 열매 속은 끈적끈적해요. 그 속에는 씨가 하나 들어 있어서 새가 날아와 이 열매를 먹고 똥을 싸면 씨앗이 똥에 섞여 나와요.
이때 끈끈한 속살이 소화되지 않고 함께 나오는데, 이것이 겨우살이의 씨앗을 나뭇가지에 찰싹 달라붙게 만들어 준답니다.
봄이 되면 씨앗에서 싹이 터서 나뭇가지 속에 뿌리를 내리고 나무의 물과 양분을 빼앗으며 자라나요.

함께 살면 더 좋아

아프리카 초원에 사는 동물 가운데 기린이 있지요. 기린은 아카시아의 가시 달린 잎과 열매를 아주 좋아해요. 큰 키 덕분에 높은 곳에 달린 아카시아 잎과 가지를 쉽사리 뜯어 먹을 수 있어요.

그런데 아카시아의 가시 속에는 개미가 집을 짓고 살고 있답니다. 기린이 길쭉한 혀를 내밀며 맛있는 식사를 하면 어느새 개미 떼가 우르르 몰려나와 기린의 혀와 입을 마구 공격해요. 기린은 너무 아파 그곳을 떠날 수밖에 없지요.

개미가 아카시아를 지켜 준 대가로 얻는 것은 무엇일까요? 개미는 아카시아로부터 아늑한 보금자리와 나무줄기에서 샘솟는 달콤한 즙을 선물로 받아요.

남아메리카의 황소뿔아카시아에 사는 개미도 있어요. 개미들은 아카시아의 가시 속에 집을 짓고 평생 동안 나뭇가지 주변을 돌아다니면서 잎을 뜯어 먹는 곤충들을 쫓아내요.
황소뿔아카시아는 개미에게 달콤한 즙을 내주고,

황소뿔아카시아의 가시 속에
집을 짓고 살아가는 개미

어린 잎사귀 끝에 지방과 단백질이 풍부한 오렌지색 구슬 모양의 먹이도 만들어 주지요. 이 먹이는 개미 애벌레의 먹이로 안성맞춤이에요. 일개미들은 잎에 달린 구슬 모양의 먹이를 잘게 찢어서 애벌레들에게 한 조각씩 넣어 준답니다.

과학자들은 개미를 아카시아로부터 떼어 놓는다면 어떤 일이 벌어질지 궁금했어요. 실험을 시작하자 개미가 없는 아카시아는 그만 병이 들고 말았어요. 아카시아는 개미에 의존해서 살아간다고 할 수 있겠지요. 이렇게 서로 다른 두 생물이 도움을 주고받는 관계를 '공생'이라고 해요. 개미와 아카시아는 공생 관계를 맺고 살아가는 거예요.

세균과 공생 관계를 맺는 식물도 있어요. 세균이라니? 깜짝 놀라서 눈이 왕방울만 해지는군요!

뿌리혹박테리아라고 들어 본 적 있나요? 식물의 뿌리에 침입하여 뿌리를 군데군데 크고 통통하게 만드는 박테리아 말이에요. 뿌리혹박테리아는 강낭콩이나 완두콩 같은 콩과 식물의 뿌리에서 살아요. 콩과 식물은 질소를 빨아들이는 능력이 모자라는데, 뿌리혹박테리아가 대신 질소를 빨아들인답니다. 뿌리혹박테리아는 땅속으로 뚫고 들어온 공기로부터 질소를 모으는 일을 척척 해내지요. 그렇다면 콩과 식물은 뿌리혹박테리아의 도움을 그냥 받기만 하는 걸까요? 물론 그렇지 않아요. 콩과 식물은 그 보답으로 뿌리혹박테리아에게 포도당 양분을 주어요.

콩과 식물은 뿌리혹박테리아만 있으면 아주 척박한 땅에서도 잘 자랄 수 있어요. 쓰고 남은 질소를 땅에다 붙들어 두기 때문에 콩과 식물이 자라난 곳은 전보다 더 기름진 땅이 된답니다.

얼음 꽁꽁 극지방에서 뜨거운 사막까지

식물은 어디에나 있어요. 도시에도 시골에도 산에도 바다에도 갖가지 식물이 자라고 있지요. 식물 가운데에는 사람이나 동물이라면 잠시도 살 수 없는 곳에서 사는 것도 있답니다. 혹독한 환경에서 살아남기 위해 아주 오랜 세월 천천히 진화해 왔어요.

물은 생명의 근원이에요. 물이 없으면 어떤 생명체도 살 수 없으니까요. 사막에는 몇 년 동안이나 비가 오지 않으며, 비가 오더라도 물이 모래 속으로 아주 빨리 빠져 버려요. 이런 메마른 환경에 적응한 식물이 있어요. 바로 선인장이지요!

사막에 짧은 우기가 찾아와 비가 내리면 선인장은 커다랗고 두툼한 줄기 속에 물을 저장합니다. 줄기에 쭈글쭈글 주름이 있는 선인장은 비가 오면 주름을 펴서 줄기가 부풀어 물을 많이 저장할 수 있게 해요. 물이 빠지면 다시 주름을 만들지요. 선인장은 가뭄에 대비하여 제 몸에 이렇게 빗물을 모은답니다.

그런데 선인장은 왜 잎 대신 가시가 달려 있을까요? 뜨거운 태양열과 추위로부터 몸을 보호하기 위해서랍니다. 사막은 낮에는 무척 덥지만 밤이 되면 몹시 추워지거든요. 또 선인장의 가시는 배고픈 동물의 공격을 피할 수 있게 해 주어요.

지구에서 가장 추운 곳은 남극입니다. 남극의 최저 기온은 영하 89.2℃라고 해요. 1983년 러시아의 보스토크 기지에서 관측된 기록이지요. 세찬 바람과 눈보라가 시속 300km로 휘몰아쳐요. 상상도 할 수 없을 만큼 추울 거예요!

그 어떤 생명체도 살 수 없을 것 같은 이런 남극에서도 살아가는 강인한 식물이 있답니다. 지의류가 그 주인공이에요. 지의류는 남극의 얼음 들판에 솟아 있는 산봉우리 바위 표면에 납작하게 붙어서 살아요.

여러분도 바위 표면이나 나무껍질, 혹은 오래된 비석에 붙어 있는 지의류를 본 적이 있을 거예요. '혹시 이끼 아닐까?' 하고 착각했을지도 몰라요. 그러나 지의류는 이끼와는 다른 생물이에요.

현미경으로 자세히 들여다보면 지의류는 하나의 식물이 아니에요.

물이 부족한 사막에 사는 선인장은
줄기 속에 물을 저장한다.

지의류는 균류와 조류가
한곳에서 공생하는 식물이다.

곰팡이 같은 균류와 광합성을 하는 조류, 특히 남조류나 녹조류가 한곳에서 공생하는 식물이랍니다. 균류와 조류가 어떻게 결합되어 있는지 살펴볼까요?

하얀 실처럼 생긴 균류의 균사가 조류를 둘러싸고 있어요. 균류는 균사를 조밀하게 뻗쳐서 단단한 그물망을 만들어요. 덕분에 공기 중에서 물을 흡수해 오랫동안 가두어 둘 수 있지요. 균류의 흡수력은 놀라워서 불과 1~2분 만에 자신의 무게보다 20~30배나 되는 물을 보유할 수 있다고 해요. 하지만 광합성을 할 수 없기 때문에 스스로 양분을 만들 수는 없어요. 조류는 원래 물속에서 자라던 식물이라 물 없이는 살기가 힘들어요. 그래서 균류의 도움이 필요하지요. 균류가 조류에게 물과 서식처를 제공하면 조류는 광합성으로 양분을 만들어 균류에게 제공해요. 지의류가 강인한 생명력을 지닌 것은 균류와 조류의 성공적인 결합 덕택이랍니다.

지의류는 아주 천천히 자라고 오래오래 살지요. 또한 아주 건조한 곳에서도 살아남을 수 있는데, 물이 부족해지면 상황이 좋아질 때까지 오랫동안 휴면해요. 심지어 100년 동안 휴면하는 지의류도 있어요. 그동안 지의류는 바싹 말라서 부서지기 일보 직전까지 가요. 하지만 그 상태에서도 단 몇 방울의 비만 맞으면 다시 원래대로 돌아올 수 있다고 합니다.

서로 다른 생물이 함께 사는 독특한 생활 방식으로 말미암아 지의류는 다른 식물이 살 수 없는 곳에서도 살 수 있는 개척자 식물이 되었어요. 지의류는 추운 극지방과 높은 히말라야 산맥에 이르기까지 거의 모든 곳에서 살아가고 있답니다.

높은 산, 바다 속에서도 살아요

산에 오르면 오를수록 날씨가 추워진다고 느꼈을 거예요. 식물도 사는 곳이 높을수록 점점 떨어지는 온도를 견뎌 내야 하겠지요.
높은 곳에서 살려면 추위 말고도 견뎌야 할 것이 많아요. 거센 바람, 한낮에 내리쬐는 뜨거운 햇빛, 부족한 물…. 고산 지대의 식물들은 이런 자연환경과 맞서며 살아가고 있어요.
히말라야 산맥에서는 높이 6000m 이상인 곳에서도 꽃을 피우는 식물이

바위틈에 숨어 자라요. 이 식물들은 추위와 바람을 피하기 위해 방석처럼 납작하게 땅 위에 퍼져 있지요. 대부분 키가 작고 빽빽이 모여 자라서 서로를 보호해 줘요. 가지와 잎에는 솜털이 돋은 것도 있어서 수분과 열을 빼앗기지 않도록 해 준답니다.

"에델바이스, 에델바이스, 아침 이슬에 젖어…."

'에델바이스'라는 노래 알지요? 에델바이스는 대표적인 고산 식물이에요. 높이는 10~20cm이며, 잎과 가지에 하얀 잔털이 덮여

높은 산꼭대기에서 살아가는 에델바이스

있어서 하얀 가루를 뒤집어쓴 것처럼 보인답니다. 별처럼 생긴 하얀 꽃을 여름에 피우지요.

식물은 연못이나 호수, 강에서도 살아요. 맨 처음 식물은 물속에서 태어났어요. 진화한 식물들은 물을 떠나 땅 위로 올라오게 되었고요. 오랜 시간이 흐르는 동안 새로운 환경에

적응하면서 몸의 구조를 바꾸었지요. 하지만 땅에서도 식물들은 서로 경쟁하며 살아야 했기 때문에 그 가운데 몇몇 식물이 다시 물로 돌아가 지금까지 살고 있어요.

이것이 바로 물에 살며 꽃을 피우는 물풀이에요. 고래가 뭍에서 살다 다시 바다로 돌아가 살게 된 것과 마찬가지지요.

물풀은 오랜 세월 물에 살기에 알맞도록 몸의 생김새와 사는 방식을 바꾸어 왔어요. 갈대와 부들처럼 물가에 사는 물풀은 뿌리를 얕은 물 바닥에 내리고, 줄기와 잎을 물 위로 높이 뻗으며 자랍니다. 수련과 연꽃은 깊은 물 밑의 땅에 땅속줄기를 내리고, 잎과 꽃을 물에 띄우고 살아요. 온몸을 물속에 담근 채 살아가는 물풀도 있어요. 검정말, 붕어마름 등이 주인공인데, 이들은 물속으로 비치는 햇빛으로 양분을 만들고 산소를 물속으로 내뿜어요. 이 밖에도 물의 깊이와는 상관없이 뿌리와 잎을 물 위에 둥둥 띄우고 사는 물풀이 있어요. 개구리밥, 부레옥잠 따위가 그렇지요.

물속에는 눈에 보이는 물풀만 살까요? 물론 아니에요. 눈에 보이지 않을 만큼 아주 작은 식물도 살아가고 있어요.

물에 둥둥 떠다니며 살아가는 식물 플랑크톤은 민물에는 물론 바다에도 가득 차 있어요. 식물 플랑크톤은 물속 생물들의 중요한 먹이랍니다. 무엇보다도 식물 플랑크톤은 어마어마하게 많아서 이들이 만드는 산소도 엄청나요. 눈에 보이는 땅 위 식물만 산소를 내뿜는 게 아니라, 저 멀리 바다에서도 수많은 식물 플랑크톤이 우리를 숨 쉬게 해 주고 있지요.

식물은 이렇게 지구의 대부분을 보금자리 삼아 살아가고 있답니다.

짜디짠 바닷가에서 사는 맹그로브

맹그로브는 열대 지방의 바닷가에서 사는 나무예요. 소금기 많은 바닷바람이 쉴 새 없이 불어 대고 뜨거운 햇빛이 사정없이 내리쬐는데, 어떻게 숲을 이루고 있을까요?
맹그로브의 잎은 두껍고 단단하며 표면에 윤기가 있어서 물기가 증발하는 것을 막아 주어요. 또한 이 나무는 진흙 속에 기다란 뿌리가 단단히 박혀 있는데, 뿌리가 물 위까지 솟아올라 있어서 바닷물이 밀려 들어도 줄기나 잎이 물에 잠기지 않아요.
맹그로브의 뒤엉킨 뿌리는 강물에 실려 온 퇴적물이 바다로 빠져나가는 걸 막아 주고, 가지와 줄기는 거센 파도를 막아 내는 울타리 역할을 해 주어요.

내가 최고야!

진화의 역사를 살펴보면 땅 위 생활을 개척한 것은 동물이 아니라 식물이었습니다. 뿐만 아니라 동물이 살 수 없는 험난한 환경에서 살아가는 식물도 있어요. 또한 식물은 동물보다 더 크게 자라고, 훨씬 오래 살기도 하지요. 최고 식물들을 만나 볼까요?

동물 가운데 키가 가장 큰 동물은 기린이에요. 기린은 키가 5.5m 정도 되지요. 그런데 세상에서 키가 가장 큰 나무와 견주면, 기린은 코끼리 다리에 붙어 있는 개미 정도밖에 안 될 거예요. 미국의 서쪽 캘리포니아 주 레드우드 국립공원에는 미국삼나무라고 불리는 세쿼이아가 울창하게 자라고 있어요. 이 가운데 가장 큰 세쿼이아는 자그마치 높이가 112.1m나 된답니다. 30층짜리 빌딩 높이 정도 되는 거지요!

그렇다면 세상에서 가장 큰 꽃은 무엇일까요? 인도네시아 수마트라 섬의 열대 우림 지역에 사는 타이탄 아룸입니다. 타이탄 아룸은 지름이

1m쯤 되고 키가 3m 가까이 되는 아주 거대한 꽃을 3년에 한 번씩 피워요. 라플레시아와 함께 세상에서 가장 큰 꽃 가운데 하나랍니다.
타이탄 아룸의 꽃은 화려한 생김새와는 달리 생선 썩는 고약한 냄새를 풍겨서 파리를 불러들여요.
가장 오래 사는 동물로 흔히 거북을 꼽아요. 200년을 살았다는 거북의 기록이 있으니까요. 우리나라에서 가장 오래된 나무로 알려진 경기도 양평 용문사의 은행나무는 나이가 1100세쯤 되었다고 해요. 나무가 1000년 넘게 살아 숨 쉬고 있다니, 정말 대단한 일이지요.
이번에는 가장 빨리 자라는 식물을 알아볼까요? 바로 대나무랍니다. 대나무의 싹을 죽순이라고 해요. 죽순은 땅 위로 처음 나올 때는 사람 무릎 높이보다 작지만 한 달만 지나면 줄기

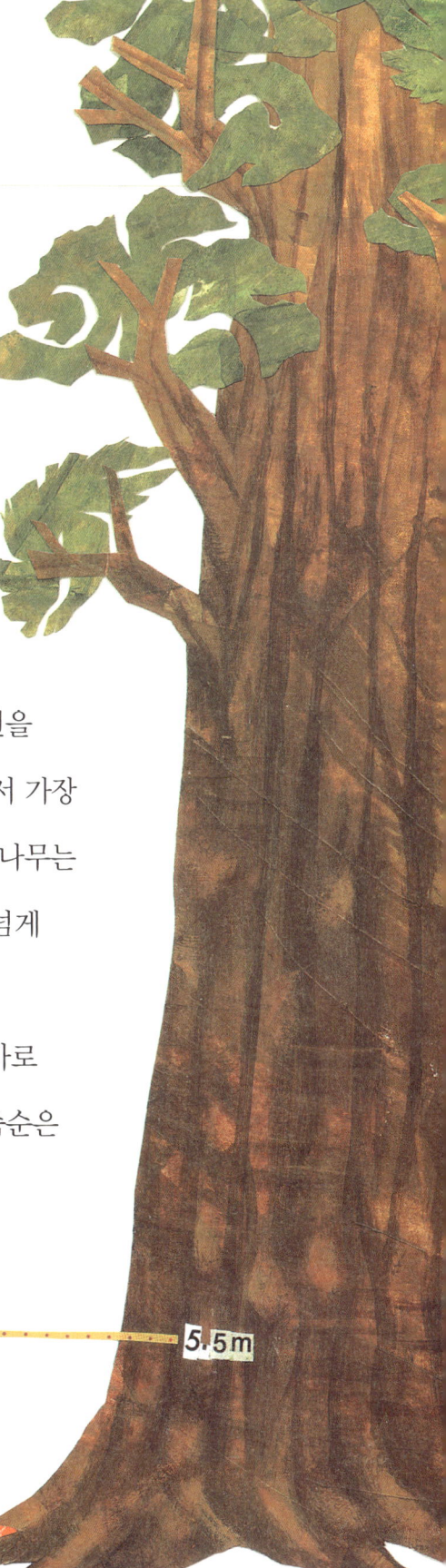

기린보다 20배쯤 키가 큰 세쿼이아 나무

나이가 1100세나 되는
은행나무도 있다.

끝이 안 보일 정도로 쑥쑥 자랍니다. 죽순이 하루에 90cm까지 자란 예도 있어요.

'우후죽순(雨後竹筍)'이란 한자 성어가 있어요. 죽순은 4~5월에 돋아나는데, 비가 온 다음에 더 많이 나와요. '우후죽순'이란 비가 온 뒤 솟는 죽순처럼 어떤 일이 한때에 많이 일어나는 것을 비유할 때 쓰는 말이에요.

대나무 무리 가운데 가장 큰 왕대는 키가 보통 20m가 넘고, 조릿대는 키가 1~2m로 작습니다.

나무와 풀은 무엇이 다를까?

나무는 다른 식물보다 더 크고 더 오래 살아요.
나무의 줄기에는 부름켜가 있어서 해가 지날수록 줄기가 점점 굵어지지요. 또한 나무를 단단하게 해 주는 리그닌이라는 물질이 있어서 햇빛을 향해 계속 위로 뻗어 오를 수 있게 해 준답니다. 반면 풀은 줄기가 굵어지거나 단단해지지 않아요.
나무는 여러 해 동안 살면서 여러 번 꽃을 피우고 열매를 맺어요. 하지만 많은 풀이 한 번 꽃을 피우고 나면 씨앗을 남기고 죽어 버리지요.

지금까지 식물의 세계에 푹 빠져 보았나요?
식물이 무엇인지, 얼마나 놀라운 생명력을 지녔는지 알아챘을 거예요.
이제부터는 조금 더 흥미진진한 이야기를 해 볼게요.

식물이 생겨난 이야기

식물은 도대체 어디에서 왔을까요? 지구에 어떻게 나타났을까요?
아주 먼 옛날, 공룡이 살던 때보다 더 먼 옛날에도
식물이 있었을까요?

식물의 고향은 바다

지구가 생겨난 건 까마득한 옛날인 46억 년 전쯤의 일이에요. 갓 생겨난 지구에는 살아 있는 게 아무것도 없었어요. 아득한 시간을 거친 뒤 38억 년 전쯤 최초의 생명체가 바다 속에서 꿈틀거리며 나타났지요.

이 신비스러운 생명체를 박테리아 혹은 세균이라고 불러요. 박테리아는 하나의 세포로 이루어졌는데, 현미경으로나 볼 수 있을 정도로 아주 작아요.

오랫동안 지구에는 원시적인 박테리아만 살고 있었어요. 그러다 약 35억 년 전, 지구의 모든 것을 뒤바꿀 만한 놀라운 변화가 일어났어요. 그게 뭐냐고요? 원시 박테리아에서 식물의 조상이라 할 수 있는 남조류(시아노박테리아)가 생겨난 거예요.

남조류는 남색과 청록색을 띤 단세포 생물로 엽록소를 가지고 있어요. 바로 이 남조류가 햇빛을 받아 스스로 양분을 만드는 광합성을 하면서 산소를 뿜어내는 엄청난 일을 시작했어요. 덕분에 비로소 지구에 산소가 생겨났답니다. 남조류가 지구에 다른 생명체가 살아갈 수 있는 바탕을 만들어 준 셈이지요.

시간이 자꾸 흘러갔어요. 남조류에서 녹색의 녹조류(파래, 청각), 갈색의 갈조류(미역, 다시마), 붉은색의 홍조류(김, 우뭇가사리) 같은 식물이 갈라져 나왔어요. 이들은 모두 엽록소가 있어서 광합성을 해요. 그래서 햇빛이 필요하지요. 햇빛이 비치지 않는 아주 깊은 바다에서는 조류가 살 수 없어요.

조류라고 하니까 '날아다니는 새'를 떠올리는 친구들이 있을지도 모르겠네요. 여기서의 조류는 물속에 살며 뿌리도 잎도 줄기도 없는 단순한 식물을 말해요. 몸이 납작하고 겉에는 미끈거리는 게 뒤덮여 있어 거센 물살에도 몸이 부러지거나 찢어지지 않아요.

조류 가운데에는 물에 떠서 사는 식물 플랑크톤처럼 현미경으로 봐야 할 만큼 작은 것도 있고, 50~60m 높이까지 자라며 바다 속에서 숲을 이루는 거대한 바닷말도 있어요. 조류는 산소를 아주 많이 만들어 내요. 지구에서 벌어지는 광합성 작용의 70% 이상을 맡고 있답니다.

생물이 오랜 세월 환경에 적응하면서 조금씩 변화하는 것을 '진화'라고 해요. 지금 우리가 볼 수 있는 수많은 식물의 세계는 조류가 진화를 거듭한 결과랍니다.

바다에서 숲을 이루는 거대한 바닷말

최초의 생명체는 왜 바다에서 태어났을까?

38억 년 전쯤 지구의 물 밖은 생명체가 살기에 알맞은 환경이 아니었어요. 무시무시한 태양의 자외선이 땅에 뜨겁게 내리쬐고, 공기 중에는 산소가 없었어요. 그래서 햇빛이 들어오지 않는 물속에서 먼저 생명체가 나타났지요.

그 뒤 엽록소가 있어 광합성이 가능한 생명체가 생겨나자 지구에 산소가 생겼어요. 물 밖으로 뿜어져 나온 산소는 햇빛을 쬐게 되었는데, 이때 산소가 오존으로 바뀌게 되었어요. 두꺼운 오존층이 많은 양의 자외선을 막아 주어 생명체가 드디어 땅으로 나올 수 있었답니다.

바다에서 땅으로 올라온 식물

바다 속에서 살던 식물의 조상이 땅 위로 올라오기까지는 아주 오랜 세월이 걸렸답니다. 지금으로부터 약 4억 5000만 년 전으로 거슬러 올라가야 해요.

이때 얕은 물에 살던 녹조류가 바다를 떠나서 땅으로 올라왔어요! 바닷가 웅덩이나 축축한 땅에서 살기 시작한 거예요.

땅 위로 올라온 식물은 이끼류로 진화했어요. 이끼는 물을 좋아해 축축한 늪지대 가까이에서 살며 땅 위 생활에 적응해 나갔어요. 늪지대는 물기가 많아서 말라 죽을 위험도 적었지요. 게다가 물을 이용해 자손을 퍼뜨릴 수 있었어요. 이끼는 홀씨나 작은 이끼 조각이 바람이나 물을 타고 퍼져 가는 방식으로 자손을 늘려 가지요.

이끼는 뿌리, 줄기, 잎의 구분이 뚜렷하지 않아요. 바위를 길 정도로 몸집이 작아서 몸을 지탱하는 기관이 없어도 되었어요.

이처럼 이끼는 물속에서 살던 식물이 땅 위에서 사는 식물로 진화하는 중간 단계를 보여 주고 있어요.

이끼보다 땅에 더 잘 적응하기 위해 식물은 좀 더 큰 몸과 곧은 줄기를 가지게 되었어요. 그러면서 이끼에 없는 관다발을 발달시켰지요. 관다발은 식물에 필요한 물과 양분이 지나다니는 통로인데, 뿌리와 줄기, 잎 속에 들어 있어요. 이끼 다음에 나타난 식물이 관다발 식물인 양치류예요. 양치류도 홀씨로 번식해요. 약 3억 6000만 년 전 땅 위 식물은 대부분

땅 위로 올라온 식물이 이끼류로 진화했다.

양치류였어요. 이때 지구는 양치류 식물인 고사리와 쇠뜨기 따위로 온통 뒤덮여 있었답니다.

산에 가서 흔히 볼 수 있는 고사리는 대표적인 양치류 식물이에요.

고사리는 약 3억 6000만 년 전부터 지구에서 살아왔다.

먼 옛날부터 지금까지 살고 있으니, 산길을 걷다가 고사리를 만나면 "식물 할머니, 고사리 할아버지!"라고 불러도 틀린 인사말은 아니겠지요.

고사리는 크기와 모양이 아주 다양해요. 우리가 산에서 보는 고사리는 키가 대개 1m까지 자라지만, 열대 지방에는 키가 20m도 넘는 거대한 나무고사리가 살고 있어요.

최초의 숲은 어떤 모습이었을까?

고생대 석탄기(3억 6000만 년 전부터 2억 4500만 년 전까지)에 거대한 고사리들이 축축한 늪지대에서 지구 최초의 숲을 이루었어요. 날씨는 따뜻하고, 습기가 많았어요. 숲 속에는 오늘날의 석송과 속새, 양치류의 조상이 되는 식물이 살고 있었어요. 최초의 양서류와 곤충도 이 무렵 나타났지요.

숲의 풍경을 상상해 볼까요? 규칙적인 직사각형 무늬의 나무껍질, 위로 뻣뻣하게 뻗거나 아래로 축 늘어진 가지가 눈에 띕니다. 화려한 색의 꽃은 없고, 초록색 잎이 넓게 펼쳐져 있어요. 날개폭이 70cm나 되는 잠자리가 숲을 누비며 날아다니고요. 갑옷 같은 껍질을 가진 괴상하게 생긴 양서류들이 몸을 반쯤 물에 담그고 있어요. 몸길이가 15cm인 바퀴벌레도 숲 바닥을 쏜살같이 기어 다니는군요!

씨앗의 발명으로 널리 퍼져요

지구에 공룡이 나타날 무렵 겉씨식물이 생겨났어요. 겉씨식물은 말 그대로 씨앗이 겉으로 드러나 있는 식물로, 대부분 솔방울이나 잣송이에 씨가 들어 있어요. 소나무, 소철, 잣나무, 전나무, 은행나무 따위를 꼽을 수 있지요. 야자와 생김새가 비슷한 소철은 초식 공룡이 즐겨 먹던 식물이랍니다.
겉씨식물의 놀라운 발명품은 바로 씨앗이에요. 꽃이 피지 않고 홀씨로 번식하는 고사리나 석송 등의 어느 식물이 진화하여 씨앗을 맺게 되었다고 짐작할 수 있지요. 씨앗으로 말미암아 식물이 더 잘 자랄 수 있는 기회가 훨씬 많아졌어요. 땅에 떨어진 홀씨는 자라서 정자와 난자를 만들고 이들이 수정되면 비로소 어린 식물이 싹을 틔워요. 하지만 씨앗은 온도와 수분이 알맞으면 싹이 터서 곧바로 어린 식물이 됩니다. 또한 씨앗은 이미 양분을 저장하고 있고, 나쁜 환경에서도 오랫동안 살아남을 수 있도록 단단한 씨껍질로 보호를 받아요. 반면에 홀씨는

크기도 작고 양분도 없어서 수명이 짧습니다.

이처럼 식물은 씨앗을 발명하게 되면서 서식 공간을 넓혀 갈 수 있었답니다.

겉씨식물에 이어 한 걸음 더 진화한 속씨식물이 등장했어요. 약 1억 4000만 년 전 일이에요. 속씨식물은 씨앗이 열매 안에 들어 있는 식물로, 꽃잎과 꽃받침, 암술과 수술로 이루어진 완전한 꽃을 피워요. 꽃은 새로운 생명을 만드는 식물의 번식 기관이랍니다.

식물은 꽃을 피우게 되면서 살아남는 데 아주 유리해졌어요. 꽃은 씨앗을 보호할 뿐만 아니라 널리 퍼뜨릴 수도 있기 때문이지요. 바람에 의해 꽃가루받이를 하는 겉씨식물과는 다르게 속씨식물은 꽃이 피면 동물을 불러들여요. 그래서 이 꽃 저 꽃으로 멀리멀리 꽃가루를 운반했어요. 다양한 환경에 적응할 수 있게 된 거예요. 사과나무, 벚나무, 장미 등이 속씨식물에 속해요.

속씨식물은 가장 늦게 나타났지만 오늘날까지 가장 번성하는 식물이에요. 종류도 25만 종에 이르고, 넓은 지역에 퍼져서 살고 있어요. 지금 지구에 있는 식물의 80%를 차지할 정도랍니다.

화석이 남긴 식물의 발자취

먼 옛날에는 있었지만 지금은 사라진 식물이 수없이 많을 거예요. 지금의 식물과는 아주 다른 모습이었겠지요. 또 지금 우리와 함께 살고 있는 식물도 예전에는 다른 모습이었을지 몰라요. 타임머신을 타고 과거를 여행할 수 있다면 그 옛날의 식물을 관찰할 수 있겠지만, 그건 상상 속에서나 가능한 일이지요. 그렇다면 우리는 사라진 식물에 대해 어떻게 알 수 있을까요?

화석이 있어요! 화석은 옛날에 살던 동물과 식물의 흔적을 지닌 돌이에요. 주로 바위나 석탄층에서 그 모습을 드러내지요. 화석을 보면 과거에 살던 동물과 식물의 특징을 알 수 있답니다. 옛날 지구의 모습이 어떠했는지도 알 수 있고요. 화석이 없었다면 지구의 역사는 아무도 모르는 세계로 남아 있을 거예요.

그러면 식물 화석은 어떻게 만들어지는 걸까요? 책갈피나 식물

오랜 시간 바위 속에 눌려 있던
고사리 잎은 식물 화석이 된다.

누름판에 꽃을 납작하게 눌러 두면 그 모습이 몇 년 동안 고스란히
보존될 수 있지요. 바위는 바로 이런 원리로 식물을 화석으로 만들어요.
3억 만 년 전의 어느 날, 키가 큰 고사리가 늪지대에서 쓰러져
죽었어요. 질퍽한 진흙이 고사리를 덮고 켜켜이 쌓였어요. 마치
무지개떡처럼 말이에요. 아주 오랜 시간 위층의 진흙이 아래층을
내리누르면서 진흙은 서서히 바위로 바뀌었어요. 고사리 잎도 바위처럼

아주 단단해졌지요. 세월이 흐르면서 늪지대의 바닥이 솟아올랐고, 비바람에 진흙이 깎여 나갔어요. 마침내 사람들이 바위의 한 층에서 고사리 잎 화석을 발견하게 되었어요.

석탄이 묻혀 있는 탄광 안에 식물 화석이 묻혀 있기도 해요. 주로 나무껍질의 흔적과 고사리 잎이 발견되었지요. 탄광은 겹겹이 쌓인 두꺼운 지층을 뚫고 들어가는 셈이거든요.

혹시 화석을 찾아보고 싶을지도 모르겠네요. 길을 닦으려고 깎아내린 언덕이나 물이 말라 버린 계곡에 가면 주위의 바위를 찬찬히 둘러보세요. 화석을 발견할 수도 있으니까요.

살아남은 화석 식물, 은행나무

길가의 가로수로 많이 심는 은행나무는 지금으로부터 자그마치 2억 9000만 년 전에 나타났어요. 빙하기를 거치면서 다른 식물은 대부분 얼어 죽었지만, 은행나무는 죽지 않고 오늘에 이르렀어요.

은행나무는 지금까지 변하지 않는 모습을 하고 있어서 '살아 있는 화석'이라고 불려요.

하나의 세포에서 꽃식물이 되기까지
식물의 족보

한눈에 알아보기 쉽게 식물의 족보를 간단히 만들어 볼까요?
진화는 작고 단순한 것에서 크고 복잡한 것으로 진행되어요. 식물도
처음에는 하나의 세포로 이루어진 간단한 것에서 점점 복잡하고
발달된 꽃식물로 진화했어요. 물론 이렇게 되기까지는
아주 오랜 세월이 걸렸지요.

이끼류(우산이끼, 솔이끼)
땅 위의 축축한 늪지대에
살며 뿌리, 줄기, 잎의
구분이 뚜렷하지 않다.

원시 박테리아
바다 속에서 최초의
생명체가 나타났다.

남조류(시아노박테리아)
엽록소를 가진 단세포
생물로 광합성을 하여
산소를 만들어 냈다.

녹조류(파래)
얕은 물속에 살며, 뿌리도
잎도 줄기도 없는 단순한
식물이다.

양치류(고사리, 쇠뜨기)
물과 양분을 나르는
관다발을 가져서 이끼보다
땅에 더 잘 적응할 수
있었다.

겉씨식물(소나무, 은행나무)
씨앗이 겉으로 드러나 있다.
대부분 솔방울이나 잣송이에
씨가 들어 있다. 주로 바람에
의해 가루받이가 이루어진다.

속씨식물(사과나무, 장미)
씨앗이 열매 안에 들어
있고, 완전한 꽃을 피운다.
주로 곤충에 의해
가루받이가 이루어지며,
오늘날까지 가장 번성하고
있는 식물이다.

우리는 식물이 뿜어낸 산소를 흠흠 들이마시고, 식물로 만든 음식을 먹어요.
식물로 만든 옷을 입고, 식물로 만든 나무 의자에 앉아
식물로 만든 종이로 된 책을 읽으며 공부해요.
몸이 아프면 식물로 만든 약을 먹기도 해요. 그뿐 아니지요.
식물에서 뽑아낸 석유로 달리는 자동차를 타고 산과 들로 여행을 다니며

식물 없이는 못 살아

식물이 빚어내는 멋진 경치를 감상한답니다!
이처럼 식물은 다양한 모습으로 사람들에게 많은 도움을 주고 있어요.
지구의 주인은 누구일까요? 사람일까요? 식물이 만약 말을
할 수 있다면 아니라고 할지도 모르겠네요. 식물은 사람 없이
살 수 있지만, 사람은 한순간도 식물 없이 살 수가 없으니까요.

우리에게 꼭 필요한 음식

우리나라를 비롯한 아시아 사람들의 주식은 쌀로 만든 밥이랍니다.
서양 사람들의 주식은요? 밀로 만든 빵이지요.
사람들은 오랜 옛날부터 농사를 짓고 살았는데, 그 지역의 날씨와
환경에 알맞은 곡식을 길렀어요. 덥고 비가 많이 오는 곳에서는 벼농사를 짓고, 선선한 곳에서는 밀 농사를 지었지요.
벼나 밀 대신 옥수수나 감자가 주식인 곳도 있어요.
벼, 보리, 옥수수, 밀과 같은 곡식은 전 세계 모든 사람에게 아주 중요한 식량이에요.

식물 재배가 가져온 깜짝 놀랄 만한 변화

약 1만 년 전, 인류는 농사를 짓기 시작했어요. 이 사건은 불을 사용하게 된 일에 견줄 만큼 놀라운 발전 가운데 하나랍니다.
먹을 것을 찾아 산과 들을 떠돌아다니던 인류의 조상은 식량이 될 수 있는 식물을 기르기 시작하면서 한곳에 머물러 살게 되었어요. 그러면서 마을도 만들고, 도구도 발달시켰지요. 농사를 짓고 수확량이 많아지면서 인구도 증가하기 시작했어요.

곡식과 더불어 우리는 채소도 길러서 먹어요. 채소에는 몸에 좋은 비타민과 무기질이 많이 들어 있거든요. 아주 옛날, 고대 그리스 사람들도 지금 우리 식탁 위에 자주 오르내리는 무, 오이, 양파, 멜론 따위를 먹었다고 합니다.

우리가 먹는 채소는 식물의 어떤 부분일까요? 무와 당근은 뿌리를

먹고, 감자는 덩이줄기, 시금치는 잎, 오이와 가지는 열매를 먹어요.
음식에 들어가는 양념이나 식용유도 식물에서 나온 것들이에요. 참깨, 해바라기, 올리브처럼 식용유를 만드는 데 쓰이는 열매와 씨앗은 기름기가 많아요. 식물 기름에는 몸에 좋은 비타민이 많이 들어 있어요. 고추, 마늘, 생강, 파, 후추 등 음식을 만들 때 없어서는 안 될 양념 또한 식물의 여러 부분에서 나온 것들이랍니다.
식사를 끝낸 뒤에는 새콤달콤한 맛있는 과일도 먹지요. 사과와 배, 복숭아, 오렌지, 귤, 바나나 등의 과일은 바로 식물의 열매예요.
어때요, 식물이 우리를 먹여 살린다고 해도 지나친 말이 아니겠지요?

토마토와 감자로 만든 '토감'

'토감'은 토마토와 감자를 접붙이기한 식물이에요. 감자 줄기에 토마토 줄기를 접붙이면 땅 위에서는 토마토가, 땅속에서는 감자가 열리지요. 과학자들이 식량 문제를 해결하기 위해 토감을 만들었어요.
토감은 '포마토(pomato : potato와 tomato의 합성어)'라고도 불려요.

군침이 꼴깍, 설탕과 초콜릿

수수께끼 하나 내 볼게요! 케이크를 만들 때 단맛을 내기 위해 넣고, 잼을 만들 때 오랫동안 보관하기 위해 넣으며, 음료수의 단맛을 내는 데 쓰이는 것은 무엇일까요? 딩동댕! 정답은 설탕입니다.

설탕이 들어가지 않은 음식을 찾기란 어려워요. 여러분이 좋아하는 과자와 아이스크림에도 설탕이 들어가지요.

우리가 먹는 대부분의 설탕은 사탕수수와 사탕무로 만들어요. 사탕수수는 열대 지방에서 자라는 키가 큰 볏과 식물로, 생김새가 대나무나 갈대와 비슷해요. 키는 2~6m이며 줄기에 마디가 있고, 단맛을 지닌 하얀 빛깔의 즙이 줄기에 들어 있어요. 사탕무는 키가 1m 정도이며, 잎이 약간 두껍고 긴 달걀 모양이에요. 단맛이 나는 덩이뿌리를 설탕의 원료로 쓰지요.

사탕수수로 어떻게 설탕을 만드는지 궁금할 거예요. 사탕수수의 줄기에서 즙을 뽑고, 이 즙에서 설탕 외의 다른 성분을 없애기 위해 정제한 다음 물기를 증발시키면 하얀 빛깔의 설탕 알갱이가 남아요.

사탕수수에서 설탕을 맨 처음 뽑아낸 나라는 인도랍니다. 아주 먼 옛날의 일이지요. 기원전 327년 마케도니아의 알렉산드로스 대왕이 인도에 원정군을 보냈어요.

그때 사령관이던 네아체스 장군이 이런 말을 했어요.

"인도에서는 꿀벌의 도움을 받지 않고도 꿀을 만들고 있습니다. 세상에, 갈대 줄기에서 꿀을 만들어 낸다고요!"

네아체스 장군은 사탕수수를 보고 갈대라고 한 거예요.

기원전 320년에 인도에서 지내던 고대 그리스의 역사가 메가스테네스는 설탕을 '돌꿀'이라고 소개했어요. 돌이라고 표현한 것으로 미루어 볼 때, 단단한 설탕 결정이 이미 인도에서 쓰이고 있었음을 알 수 있지요. 이렇듯 설탕은 아주 오랜 역사를 갖고 있어요.

이번에는 여러분이 가장 좋아하는 것 가운데 하나인 초콜릿에 대해 알아볼까요?

여자 친구들은 좋아하는 남자 친구에게 선물하려고 초콜릿을 사 본

경험이 있을 거예요. 해마다 밸런타인데이가 다가오면 초콜릿이 불티나게 팔리지요. 달콤하면서도 향긋한 초콜릿은 어디서 왔을까요?

사탕수수의 줄기는 설탕의 원료가 된다.

초콜릿은 카카오나무 열매로 만들어요. 카카오나무는 아주 덥고 비가 많은 곳에서 자라지요. 카카오나무 열매 속에는 초콜릿이 통째로 들어 있는 걸까요? 물론 아니에요.

카카오나무의 줄기에 열리는 카카오 콩을 볶아서 으깨면 초콜릿의 재료가 되는 카카오 가루를 만들 수 있다.

카카오나무는 꽃이 나무줄기에서 나오고, 길이 20cm 정도의 둥근 적갈색 열매가 주렁주렁 열려요. 카카오나무 열매 안에는 40여 개의 씨앗이 들어 있는데, 이 씨앗을 '카카오 콩'이라고 해요. 하나의 크기가 손가락 한 마디만 한 카카오 콩이 바로 초콜릿의 재료랍니다.

카카오 콩을 볶은 다음 으깨어 카카오 가루로 만들어요. 여기에다 설탕과 우유, 향료 등을 섞어 굳히면 초콜릿이 완성된답니다.

초콜릿을 '마신' 사람들

지금 우리는 초콜릿을 '깨물어' 먹지요. 그런데 초콜릿을 처음 만든 사람들은 음료수처럼 마셨다고 해요.

지금으로부터 약 500년 전에 멕시코 원주민인 아스텍 족 사람들이 처음으로 초콜릿을 만들었어요. 아스텍 족 사람들은 황금 잔에다 뜨거운 초콜릿 음료를 담아 황제 몬테수마에게 바쳤대요.

그 시절에는 부자와 신분 높은 사람만이 초콜릿을 마실 수 있었어요. 아스텍 족의 창고에는 카카오 열매가 가득했는데, 이 부족의 지배를 받는 다른 부족 사람들이 카카오 열매를 공물로 바쳤기 때문이지요. 아스텍 족 사람들은 카카오 열매를 화폐로도 썼다는군요.

약이 되고, 독이 되고

사람들은 아주 오래전부터 식물을 원료로 해서 약을 만들었어요. 기원전 4000~5000년에 중국이나 인도에서는 이미 식물을 약으로 이용했답니다.

약으로 쓰이는 식물을 손꼽으라면 인삼을 빼놓을 수 없지요. 인삼은 우리나라 토박이 식물로, 예로부터 '불로장생'의 명약이라 불렸어요. 늙지 않고 오래 살게 해 주는 약이라는 뜻이에요. 특히 산에서 캔 인삼은 산삼이라고 하여 아주 귀하게 여겼어요.

"하얀 인삼 뿌리는 사람 몸뚱이를 닮았으니 참으로 신비하지 않소?"

"인삼은 명약입니다. 쇠약해진 몸의 기운을 회복시켜 주고, 병원균에 대한 힘도 길러 주고 있다오."

오늘날 인삼은 세계에서도 알아주는 약초랍니다.

인삼뿐 아니라 감초나 칡뿌리 등 대부분의 한약 재료도 식물에서 얻고 있어요.

또 몇 천 년 전부터 약의 원료로 쓰인 양귀비가 있어요. 양귀비는 중국 당나라 현종의 황후이며 최고의 미인이던 양귀비에 견줄 만큼 꽃이 아름답다고 해서 붙은 이름이에요.

덜 익은 양귀비 열매에 칼로 흠집을 내면 흘러나오는 즙을 말린 게 아편이랍니다. 아편은 마취제나 진통제의 원료가 되는데, 계속 쓰면 중독을 일으키고 심하면 죽음에 이르기도 해요.

그래서 우리나라에서는 양귀비 재배를 법으로 금지하고 있답니다.

건강뿐 아니라 미용에 좋은 식물도 많아요. 오이로 마사지해 봤어요? 오이를 얇게 썰어서 얼굴에 바르면 피부가 깨끗해지고 부드러워지지요. 알로에는 피부를 촉촉하게 만드는 효과가 있어서 화장품 원료로 인기가 좋답니다.

아름다운 꽃을 피우는 양귀비는 아편의 원료가 되기도 한다.

식물로 만든 옷

우리는 식물을 이용해 옷도 만들어 입어요. 옷감을 짜는 실인 섬유를 식물에서 얻으니까요.

보송보송한 속옷은 아마 대부분 면제품일 거예요. 면섬유는 목화 열매에서 얻어요. 목화로 어떻게 옷감을 만드는지 알아볼까요?

목화는 한해살이풀로 7~9월에 흰색이나 연분홍색 꽃이 피어요. 열매가 다 익으면 부드럽고 긴 솜털 달린 씨앗이 나와요. 이 솜털을 모아서 솜을 만들지요. 조면기라는 기계로 목화 씨앗을 빼내고 솜을 틀어요. 이렇게 얻은 솜을 방적 공장으로 보내면 그곳에서 솜을 자아 긴 실을 만들지요. 그런 다음 방직 공장에서 이 실로 옷감을 짠답니다.

나무에서 뽑은 물감으로 옷 물들이기

치자나무의 노란색 열매는 물감으로 쓰여요. 잘 익은 열매를 말린 다음 반으로 쪼개 물에 넣고 천을 담그면 노랗게 물이 들어요.

덜 익은 감을 짓찧어 넣고 그 물로 물들인 옷감을 갈옷이라고 해요. 갈옷은 제주도 사람들이 즐겨 입는데, 세균에 강해서 건강에도 좋대요.

바람이 시원하게 잘 통하는 모시는 어떨까요? 모시는 모시풀의 줄기 껍질을 벗겨서 짠 옷감이랍니다. 땀을 빨리 흡수하고 하얀 빛깔이어서 여름철 옷감으로 많이 쓰이지요. 삼베 또한 여름철 옷감으로 안성맞춤이에요. 삼베는 삼의 줄기에서 얻은 삼실로 짠 옷감인데, 바람이 잘 통하고 수분을 잘 흡수해요. 우리나라에서는 고조선 때부터 옷의 재료로 쓰였어요. 재배 역사가 아주 오래되었지요. 삼은 대마라고도 부르며, 부드럽고 질겨서 그물이나 밧줄 등을 만드는 데에도 쓰인답니다.

목화 열매는 면섬유의 원료가 된다.

학교와 교실에서 깜짝 변신

이번에는 학교로 가 볼까요? 우리 교실에도 식물이 가득해요.
창가에 어여쁘게 피어난 꽃과 화분이 맨 먼저 눈에 들어오는군요.
하지만 이게 전부가 아니지요. 책상과 의자를 나무로 만든다는 것을
모르는 친구들은 없을 거예요. 사물함이나 교실 문도 나무로
만들었으니, 교실에 식물이 꽉 차 있는 셈이지요.
책과 공책을 만드는 종이의 원료는 펄프예요. 펄프는
나무껍질이나 줄기 등을 기계로 갈아서 죽처럼 만든
다음, 이것을 여러 가지 화학 약품으로 처리하여
섬유소만 걸러 모은 거예요.
연필도 빼놓을 수 없지요.

새까만 연필심을 감싸고 있는 것도 나무랍니다.

"에취!"

수업 시간에 누군가 감기에 걸렸는지 코를 훌쩍거려요. 휴지가 필요해요! 휴지도 나무에서 얻는 섬유소로 만들지요.

청소 시간에 쓰는 빗자루나 대걸레 등 청소 용구 가운데에도 식물을 재료로 한 것이 많아요.

학교 식당의 주방에 있는 도마는 소나무로 만든 거고, 참기름 병마개로 쓰이는 코르크는 굴참나무 껍질로 만든 거예요. 국수나무로 엮은 큰 광주리도 보이고, 피나무로 만든 성냥개비가 선반 위에 놓여 있어요.

음악 시간에도 식물과 만날 수 있지요. 피아노는 소나무나 가문비나무로 만들고, 리코더는 회양목이나 단풍나무로, 단소는 대나무로 만들거든요.

우아! 식물은 정말 다양한 변신을 하는군요. 식물의 변신 덕분에 우리는 학교와 교실에서 즐겁게 공부하고 생활할 수 있답니다.

집 짓는 나무

우리나라 사람들은 옛날부터 산골 마을에서는 통나무로 집을 짓고 살았어요. 지금은 쉽게 볼 수 없는 초가집이나 기와집도 뼈대는 나무로 만들었지요. 궁궐이나 절도 나무로 지었답니다.

자동차가 붕붕, 가스레인지 불꽃이 활활

식물은 귀중한 연료이기도 해요. 아직도 세계 여러 지역에서 사람들은 나무로 불을 피워 집을 따뜻하게 하고, 요리를 하지요. 석탄과 석유, 천연가스도 사실은 식물에서 나온답니다.

잠시 먼 옛날로 거슬러 올라가 석탄이 만들어지는 과정을 알아볼까요? 3억 6000만 년 전부터 2억 4500만 년 전, 늪이 많은 울창한 숲 속이에요. 거대한 식물이 죽어서 쿵! 쿵! 쓰러지고 말았어요. 죽은 식물이 질퍽한 진흙땅에 쌓이고 파묻혀서 뜨거운 열과 압력을 받았지요. 그리고 아주 오랜 시간이 지난 다음 윤이 나고 단단한 검은색의 석탄으로 변했어요. 이런 일이 일어난 시기를 고생대 '석탄기'라고 불러요. 석탄을 만든 주인공은 키 큰 고사리를 비롯하여 석송류, 속새류 따위의 식물이랍니다.

석탄은 페인트, 의약품 같은 여러 가지 화학 물질을 만드는 데 쓰이며,

발전소의 연료이기도 해요. 한동안 집 안의 난방 연료로 널리 쓰인 구멍 숭숭 뚫린 연탄도 석탄으로 만들어요. 석유가 등장하기 전까지는 석탄이 주요한 에너지원이었지요.

석유와 천연가스는 수백만 년 전 바다에서 죽은 수많은 동식물이 바다 밑 땅속에 층층이 쌓이면서 진흙과 모래, 물의

압력을 받아 생겨났어요. 아주 오랜 세월을 거치는 동안 동물과 식물의 시체가 석유와 천연가스로 바뀐 거지요. 석유가 땅속에 묻혀 있는 곳을 유전이라고 하는데, 기계로 바위에 구멍을 뚫어서 석유를 뽑아 올려요. 이때 천연가스도 석유와 함께 뽑아 올린답니다.

석유는 자동차를 비롯해서 비행기와 배를 움직이고, 공장을 돌아가게 만들어요. 어디 그뿐인가요? 플라스틱과 합성 섬유, 합성 세제 등 수많은 화학 제품을 만드는 데도 없어서는 안 된답니다. 전 세계의 수많은 도로가 아스팔트로 포장되어 있는데, 아스팔트 역시 석유에서 나온 거지요.

부엌에서 주전자에 물을 끓이려고 가스레인지의 스위치를 켭니다. 파란 불꽃이 타오르지요? 이 파란 불꽃은 메탄이라는 천연가스가 타면서 내는 거예요. 길고 긴 파이프를 통해 집으로 전달되지요. 메탄은 또 비료에서 세제에 이르기까지 여러 가지 물질의 원료로 쓰인답니다.

이제 식물의 힘이 얼마나 대단한지 알 수 있겠지요?

식물을 본떠 만든 발명품

사람들은 식물에서 번쩍이는 아이디어를 얻기도 해요.

'찍찍이'라고 부르는 접착 테이프, 벨크로 알지요? 여러분 운동화나 겉옷에 달려 있을 것 같은데요? 깔깔한 부분이 서로 맞물리면서 신발이나 겉옷을 채우게 하지요. 벨크로의 장점은 달라붙는 길이를 맘대로 조절할 수 있다는 거예요. 벨크로 덕분에 끈 없는 운동화나 단추 없는 겉옷이 생겨났어요.

그런데 벨크로랑 식물이 관계가 있을까요? 있고말고요! 벨크로는 우엉 열매를 본떠서 만든 거니까요. 1950년 스위스 발명가 메스트랄은 개를 데리고 풀밭으로 산책을 나갔어요. 개를 쓰다듬다 보니 개의 귀에 우엉

깔깔한 부분이 맞물리면서 장갑을 채우게 하는 벨크로는 우엉 열매를 본떠 만든 것이다.

열매가 잔뜩 달라붙은 게 눈에 띄었어요.

"어라? 우엉 열매에 갈고리들이 붙어 있네. 동물 털에 달라붙기 안성맞춤으로 생겼군."

메스트랄은 우엉 열매에서 얻은 아이디어를 바탕으로 사업가 친구와 함께 몇 년 동안 씨름을 했어요. 그러고는 마침내 벨크로를 발명했답니다. 벨크로는 우주인의 우주복을 여미는 데에도 쓰인다는군요.

헬리콥터는 장비를 나르거나 사람을 구조하는 데 쓰여요. 헬리콥터가 비행하는 걸 보면 전진과 후진을 할 수 있고, 신기하게 공중에서 제자리에 머물 수도 있어요. 회전 날개를 빙빙 돌리며 공중에 머물러 있으면서 짐을 싣거나 내리기도 한답니다.

헬리콥터의 회전 날개는 단풍나무 열매를 본떠서 만든 거예요. 바람 부는 가을날에는 단풍나무 열매가 날아다닌답니다. 씨가 여물면 열매에 붙어 있는 날개로 뱅글뱅글 돌면서 퍼지기 시작하지요. 단풍나무 열매는 아래로 떨어질 때에도 회전을 하기 때문에 더 천천히 떨어지고, 바람을 받아 멀리 퍼질 수 있어요.

단풍나무 열매를 본떠 만든
헬리콥터의 날개

이제부터 식물을 관찰할 때 떠오르는 재미있는 생각을 메모해 두세요. 물에 뜨는 수련의 잎, 갓털 달고 날아다니는 민들레 열매, 단단한 솔방울…. 뭔가 멋진 발명품이 탄생할 것 같군요.

최초의 식물학자
테오프라스토스

식물이 우리와 더욱 가깝게 된 것은 어린아이처럼 호기심 많고 고래 심줄처럼 끈질긴 과학자들 덕분이에요. 그 가운데 돋보기나 현미경이 없던 시절에도 식물을 관찰한 최초의 식물학자를 만나 볼까요? 지금으로부터 2300여 년 전 일이에요. 고대 그리스에 철학자이자 과학자인 테오프라스토스라는 사람이 살았어요. 테오프라스토스는 여러분도 잘 아는 플라톤과 아리스토텔레스의 제자예요.

사람들은 식물을 음식으로만 여겼지만, 그에게 식물은 관찰의 대상이었어요. 여러 식물을 이리저리 살펴보는 일을 아주 좋아했지요. 테오프라스토스는 아리스토텔레스가 그리스 아테네에 세운 철학 학교인 리케이온의 정원을 거닐면서 식물을 관찰했어요.

그가 살던 시대에는 알렉산드로스 대왕이 그리스를 통치했는데, 알렉산드로스 대왕의 부하들이 아시아의 수많은 식물을 그리스로 가져왔어요. 리케이온 정원에는 세계 각지에서 가져온 다양한 식물이 모여 있었지요. 덕분에 단지 정원 안에서 관찰했을 뿐이지만

식물에 대한 그의 지식은 그리스를 넘어 아시아의 식물에 이르기까지 무척이나 광범위했어요. 목화, 후추나무, 계수나무 등에 관한 테오프라스토스의 지식은 알렉산드로스 대왕 부하들의 기록에서 많은 영향을 받았답니다.

식물이 생명의 근원이에요!

여러분, 식물의 세계에 초대받고 여행한 기분이 어떤가요? 흥미진진하고 재미있었나요? 새로운 눈으로 식물을 바라보게 되었나요?

그런데 적극적이고 용감한 식물도 견디기 힘든 게 있다고 합니다. 바로 사람이에요. 그동안 사람들은 도로를 닦고 도시와 공장을 세우기 위해 산을 깎으며 숲을 없앴어요. 많은 식물이 살 곳을 잃고, 심지어는 사라져 버린 것들도 있답니다.

또 사람들은 기술을 발전시켜 곡식을 더 많이 거두고, 더 맛있는 과일을 만들어 내며, 병충해에 강한 식물을 만들고 있어요. 식물의 모양을 보기 좋게 만들기도 하지요. 하지만 이렇게 만든 식물은 '종'이 아니랍니다. '개량종'이거나 '원예종'이지요.

오직 자연만이 새로운 식물을 만들 수 있어요. 오랜 시간 진화 과정을

거쳐야 새로운 식물이 탄생하는 거랍니다.

기나긴 세월 동안 환경에 적응하며, 자신의 구조를 바꾸고 생존 전략을 터득한 식물들은 사람보다 훨씬 빨리 함께 사는 세상의 지혜를 깨달은 것 같습니다.

이제는 집 가까운 공원이나 숲에서 식물을 만나면 찬찬히 들여다보세요. 도토리 한 알, 사과 하나, 작디작은 이끼나 나무 한 그루에 담긴 생명과 역사에 관심을 기울여 보세요.

이 책을 통해 식물이 없으면 다른 생명체들도 살 수 없다는 사실을 깨닫길 바랍니다.

'땅에서도 물에서도 생명의 근원은 식물이다!'

소중한 식물의 세계가 우리에게 들려주는 힘찬 메시지랍니다.

퀴즈 퀴즈!
식물 박사가 되어 보세요!

1. 식물이 맛있는 밥상을 차리고 있다. 다음 중 밥상에 올라올 재료로 알맞지 않은 것은?

    ① 물 ② 햇빛
    ③ 이산화탄소 ④ 산소

2. 연근에 뚫린 구멍은 무슨 구멍일까?

    ① 숨구멍
    ② 똥구멍
    ③ 귓구멍

3. 다음 설명 가운데 틀린 것은?

    ① 최초의 생명체는 바다에서 태어났다.
    ② 고사리는 홀씨를 만들어 자손을 퍼뜨린다.
    ③ 은행나무는 먼 옛날부터 지금까지 변하지 않는 모습을 하고 있어서 '화석 식물'이라고 부른다.
    ④ 속씨식물 이후에 겉씨식물이 나타났다.
    ⑤ 식물의 조상인 남조류는 햇빛을 받아 스스로 양분을 만들면서 산소를 뿜어내는 일을 시작했다.

4. 다음 중 틀린 것을 2개 골라 보자.

    ① 맹그로브는 벌레잡이 식물이다.
    ② 겨우살이는 겨울에도 푸른 잎을 달고 있다.
    ③ 면섬유는 나팔꽃 열매에서 얻는다.
    ④ 선인장의 가시는 잎이 변한 것이다.

5. 지구에서 가장 추운 남극에서도 살아가는 식물이 있는데, 지의류이다.

    ① 예   ② 아니오

6 세상에서 가장 빨리 자라는 식물은 뭘까?

① 소나무　　② 선인장
③ 대나무　　④ 해바라기

7 다음 중 잘못 짝 지어진 것은?

① 사탕수수 – 설탕
② 카카오나무 – 초콜릿
③ 밀 – 빵
④ 고무나무 – 식용유

8 식물의 몸은 뿌리, 줄기, 잎으로 나뉜다. 이 가운데 사람 몸과 비교하면 몸통에 해당하는 것으로, 잎과 꽃을 받쳐 주고 물과 양분이 지나다니는 통로 역할을 하는 것은?

① 뿌리
② 줄기
③ 잎

9 꽃에 대한 설명으로 틀린 것은?

① 꽃의 구실은 씨앗을 만들어서 자손을 남기는 일이다.
② 식물이 씨앗을 맺으려면 수술의 꽃가루가 암술머리에 묻어야 한다.
③ 꽃은 아름다운 빛깔과 생김새로 사람들을 유혹하기 위해 피어난다.
④ 꽃가루를 운반하는 가장 중요한 운반자는 곤충이다.

10 식물이 없으면 다른 생명체가 살 수 없다.

① 예　　② 아니오

교과부, 문광부, 환경부가 우수도서로 인증한

토토 과학상자 시리즈

우리나라 과학 전문 필자가 우리 어린이의 눈높이에 맞춰 쓴 과학책!
생물 지구과학 물리 화학 등 모든 과학 분야의 기본 원리를 친절하게 알려줍니다.

    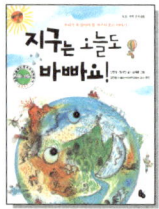 

  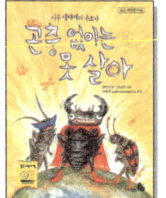 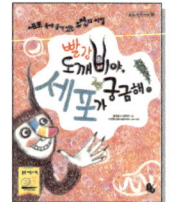  

〈토토 과학상자〉는 24권까지 모두 나왔습니다.
홈페이지 www.totobook.com 에서 과학퀴즈를 풀고 상품을 받으세요.